ALLAH
PENYEMBUH

Dr. Jaerock Lee

URIM
BOOKS

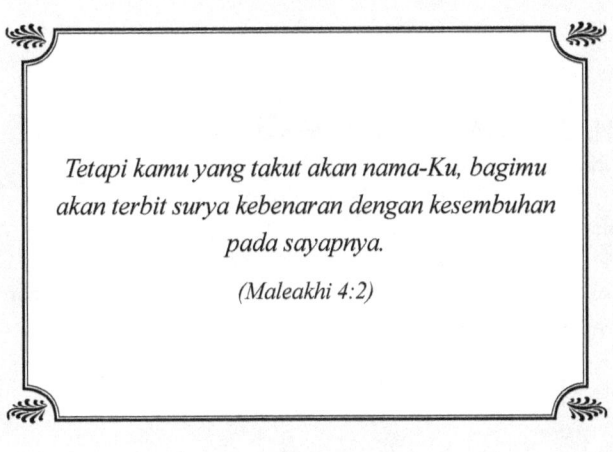

Tetapi kamu yang takut akan nama-Ku, bagimu akan terbit surya kebenaran dengan kesembuhan pada sayapnya.

(Maleakhi 4:2)

ALLAH, PENYEMBUH oleh Dr. Jaerock Lee
Diterbitkan oleh Urim Books (Representatif: Seongnam Vin)
235-3, Guro-dong 3, Guro-gu, Seoul, Korea
www.urimbooks.com

Cetakan pertama Mei 2011

Diedit oleh Dr. Geumsun Vin
Dirancang oleh Biro Editorial Urim Books
Dicetak oleh Yewon Printing Company
Untuk informasi lebih lanjut hubungi urimbook@hotmail.com

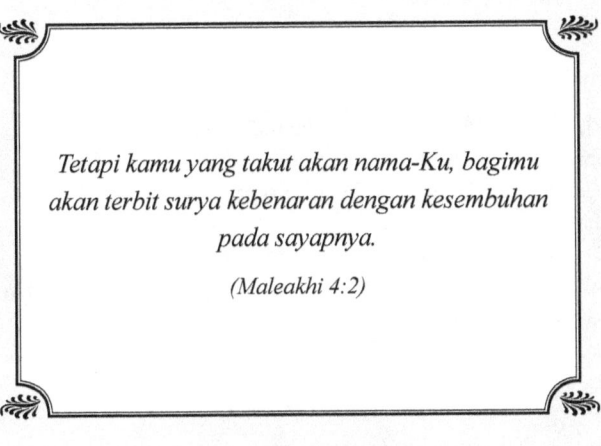

Tetapi kamu yang takut akan nama-Ku, bagimu akan terbit surya kebenaran dengan kesembuhan pada sayapnya.

(Maleakhi 4:2)

ALLAH, PENYEMBUH oleh Dr. Jaerock Lee
Diterbitkan oleh Urim Books (Representatif: Seongnam Vin)
235-3, Guro-dong 3, Guro-gu, Seoul, Korea
www.urimbooks.com

Hak Cipta © 2011 oleh Dr. Jaerock Lee
Semua hak cipta dilindungi.
ISBN: 978-89-7557-427-6, ISBN: 978-89-7557-426-9(set)
Hak Cipta Terjemahan © 2010 oleh Dr. Esther K. Chung. Digunakan dengan izin.
Sebelumnya diterbitkan di Korea oleh Urim Books, Seoul, Korea, 1992

Cetakan pertama Mei 2011

Diedit oleh Dr. Geumsun Vin
Dirancang oleh Biro Editorial Urim Books
Dicetak oleh Yewon Printing Company
Untuk informasi lebih lanjut hubungi urimbook@hotmail.com

Pesan Tentang Penerbitan

Seiring dengan peradaban material dan kemakmuran yang terus maju dan berkembang, kita menemukan bahwa sekarang orang-orang memiliki lebih banyak waktu dan alat yang terluang. Apalagi, untuk dapat memperoleh kehidupan yang lebih sehat dan nyaman, orang-orang menginvestasikan waktu dan harta serta memperhatikan berbagai informasi bermanfaat.

Namun, selama umur manusia, penuaan, penyakit dan kematian ada dalam kekuasan Allah, mereka tidak dapat mengendalikannya dengan kekuatan uang atau pengetahuan. Sebagai tambahan, adalah suatu fakta yang tak terbantahkan bahwa walaupun ilmu pengetahuan kedokteran yang canggih dihasilkan oleh pengetahuan manusia berlipat ganda kemajuannya setiap abad, namun jumlah pasien yang menderita penyakit yang tidak dapat disembuhkan terus saja meningkat.

Sepanjang sejarah dunia, tidak terhitung banyaknya orang dari berbagai kepercayaan dan pengetahuan – termasuk Buddha dan Konfusius – tetapi mereka semua terdiam saat dihadapkan pada pertanyaan ini dan tidak satu pun dari mereka yang mampu menghindari penuaan, penyakit, dan kematian. Pertanyaan ini berhubungan dengan dosa dan masalah penyelamatan umat manusia, yang keduanya tidak dapat dipecahkan oleh manusia.

Sekarang, ada banyak rumah sakit dan farmasi, yang mudah diakses dan kelihatannya siap untuk membuat masyarakat kita bebas-penyakit dan sehat. Namun tetap saja, tubuh dan dunia kita diinfeksi dengan berbagai jenis penyakit mulai dari flu biasa hingga penyakit-penyakit yang asal mulanya tidak bisa diketahui dan akhirnya tidak ada pengobatannya. Orang-orang cepat menyalahkan iklim dan lingkungan atau bersedia menerimanya sebagai fenomena fisiologis dan alami, dan mengandalkan pengobatan serta teknologi kedokteran.

Untuk dapat menerima penyembuhan mendasar dan menjalani kehidupan yang sehat, masing-masing dari kita harus memahami dari mana asal mulanya sebuah penyakit dan bagaimana kita dapat menerima penyembuhan. Bagi injil dan kebenaran selalu hanya ada dua sisi: yang tersedia bagi orang-orang yang tidak menerimanya adalah kutuk dan hukuman, sementara bagi orang-orang yang menerimanya adalah berkat dan kehidupan yang menanti. Adalah merupakan kehendak Allah agar kebenaran tersembunyi dari mereka yang, seperti orang-orang Farisi dan para ahli Taurat, yang menganggap diri mereka bijak dan pandai; juga merupakan kehendak Allah agar kebenaran disingkapkan kepada mereka yang seperti anak-anak, merindukannya dan membuka hati mereka (Lukas 10:21).

Allah telah menjanjikan dengan jelas bahwa berkat akan diberikan kepada orang-orang yang taat dan hidup sesuai perintah-Nya, sementara Ia juga telah mencatatkan dengan detil mengenai kutuk dan segala jenis penyakit yang akan menimpa orang-orang yang melanggar perintah-Nya.

Dengan mengingatkan Firman Allah kepada orang-orang yang tidak percaya dan bahkan sebagian orang percaya yang mengabaikannya, tulisan ini bermaksud untuk membawa orang-orang sedemikian ke jalan yang benar untuk bebas dari sakit-penyakit.

Sebanyak apa Anda telah mendengar, membaca, mengerti dan mencerna Firman Allah, dan oleh kuasa dari Allah yang empunya keselamatan dan kesembuhan, semoga masing-masing dari Anda menerima kesembuhan dari sakit-penyakit besar dan kecil, dan semoga kesehatan selalu tinggal di dalam Anda dan keluarga Anda, dalam nama Tuhan saya berdoa!

Jaerock Lee

Daftar Isi

Bab 1

Permulaan Penyakit
Dan Cahaya Kesembuhan

Maleakhi 4:2

Tetapi kamu yang takut akan nama-Ku, bagimu akan terbit surya kebenaran dengan kesembuhan pada sayapnya; kamu akan keluar dan berjingkrak-jingkrak seperti anak lembu lepas kandang.

Penyebab Utama Terjadinya Penyakit

Untuk mendapatkan hidup bahagia dan sehat yang mereka dambakan selama umur mereka di bumi ini, orang-orang mengkonsumsi berbagai macam makanan yang diketahui bermanfaat bagi kesehatan, dan mereka memperhatikan serta mencari metode-metode rahasia. Walaupun peradaban materi dan ilmu pengetahuan kedokteran sudah semakin maju, namun pada kenyataannya penderitaan dari penyakit parah dan tidak tersembuhkan tidak dapat dihindari.

Tidak bisakah manusia terbebas dari derita penyakit selama hidupnya di bumi ini?

Orang-orang cepat menyalahkan iklim dan lingkungan atau bersedia menerimanya sebagai fenomena fisiologis dan alami, dan mengandalkan pengobatan serta teknologi kedokteran. Pada saat sumber dari segala jenis sakit-penyakit sudah ditentukan, maka siapa pun dapat terbebas darinya.

Alkitab memberikan kita cara-cara mendasar bagi orang untuk menjalani hidup yang bebas dari penyakit, dan bahkan jika ia jatuh sakit, ia dapat menerima penyembuhan.

Firman-Nya: "Jika kamu sungguh-sungguh mendengarkan suara TUHAN, Allahmu, dan melakukan apa yang benar di mata-Nya, dan memasang telingamu kepada perintah-perintah-Nya dan tetap mengikuti segala ketetapan-Nya, maka Aku tidak akan menimpakan kepadamu penyakit manapun, yang telah Kutimpakan kepada orang Mesir; sebab Aku Tuhanlah yang menyembuhkan engkau" (Keluaran 15:26).

Ini adalah Firman Allah yang tidak pernah berubah, yang mengendalikan kehidupan, kematian, kutuk dan berkat pada manusia, diberikan langsung kepada kita.

Lalu, apakah penyakit itu dan bagaimana seseorang dapat terjangkit olehnya. Dalam istilah medis, "penyakit" mengacu pada segala jenis ketidakberfungsian di berbagai bagian tubuh – suatu keadaan kesehatan yang tidak biasa atau tidak normal – dan kebanyakan dikembangkan serta disebarkan bakteri. Dengan kata lain, penyakit adalah suatu kondisi tubuh yang tidak normal dan dipicu oleh racun penyebab penyakit atau bakteri.

Dalam Keluaran 9:8-9 ada gambaran mengenai proses di mana tulah barah gelembung pada kulit dijatuhkan atas Mesir:

Berfirmanlah TUHAN kepada Musa dan Harun: "Ambillah jelaga dari dapur peleburan serangkup penuh, dan Musa harus menghamburkannya ke udara di depan mata Firaun. Maka jelaga itu akan menjadi debu meliputi seluruh tanah Mesir, dan akan menjadikan barah yang memecah sebagai gelembung, pada manusia dan binatang di seluruh tanah Mesir."

Dalam Keluaran 11:4-7, kita membaca bahwa Allah

membedakan orang Israel dari orang Mesir. Bagi orang Israel yang menyembah Allah, tidak ada tulah, sementara bagi orang Mesir yang tidak menyembah Allah maupun hidup menurut kehendak-Nya, ada tulah terhadap anak-anak sulungnya.

Melalui Alkitab, kita belajar bahwa bahkan penyakit ada di bawah kekuasaan Allah, bahwa Ia melindungi orang-orang yang menyembahnya terhadap penyakit, dan penyakit akan menimpa orang-orang yang berdosa karena Ia akan memalingkan wajah-Nya dari orang yang demikian.

Lalu, mengapa ada penyakit dan penderitaan akibat penyakit? Apakah ini berarti Allah Sang Pencipta membuat penyakit pada saat penciptaan sehingga manusia akan hidup dalam bahaya penyakit? Allah Sang Pencipta menciptakan manusia dan mengendalikan segala sesuatu di alam semesta dalam kebalikan, kebenaran, dan kasih.

Dalam Kitab Kejadian 1:26-28 tertulis berikut:

Berfirmanlah Allah: "Baiklah Kita menjadikan manusia menurut gambar dan rupa Kita, supaya mereka berkuasa atas ikan-ikan di laut dan burung-burung di udara dan atas ternak dan atas seluruh bumi dan atas segala binatang melata yang merayap di bumi." "Maka Allah menciptakan manusia menurut gambar-Nya, menurut gambar Allah maka diciptakannya dia; laki-laki dan perempuan maka diciptakan-Nya mereka. Allah memberkati mereka, lalu Allah berfirman kepada

mereka: "Beranakcuculah dan bertambah banyak;
penuhilah bumi dan taklukkanlah itu, berkuasalah atas
ikan-ikan di laut dan burung-burung di udara dan atas
segala binatang yang merayap di bumi."

Setelah menciptakan lingkungan yang paling sesuai bagi manusia untuk hidup (Kejadian 1:3-25), Allah menciptakan manusia dalam gambar-Nya sendiri, memberkati mereka, dan memberi mereka kebebasan an autoritas yang paling besar.

Seiring dengan berlalunya waktu, orang-orang dengan bebas menikmati berkat yang diberikan Allah saat mereka menaati perintah-perintah-Nya, dan hidup di Taman Eden di mana tidak ada airmata, kesedihan, penderitaan, dan penyakit. Karena Allah melihat bahwa segala sesuatu yang dibuat-Nya adalah baik (Kejadian 1:31), Ia memberikan satu perintah: *"Semua pohon dalam taman ini boleh kaumakan buahnya dengan bebas; tetapi pohon pengetahuan tentang yang baik dan yang jahat itu, janganlah kaumakan buahnya, sebab pada hari engkau memakannya, pastilah engkau mati."* (Kejadian 2:16-17).

Namun, saat ular yang pandai bicara itu melihat bahwa manusia tidak memegang perintah Allah di dalam pikiran mereka namun sebaliknya justru mengabaikannya, maka ular itu menggoda Hawa, istri dari manusia yang pertama diciptakan. Saat Adam dan Hawa memakan buah dari pohon pengetahuan tentang yang baik dan yang jahat dan berbuat dosa (Kejadian 3:1-6), seperti yang sudah diperingatkan oleh Allah, maka maut masuk ke antara manusia (Roma 6:23).

Setelah melakukan dosa ketidaktaatan dan setelah manusia menerima upah dosa dan menghadapi maut, maka roh di dalam manusia – tuannya - juga mati dan persekutuan antara manusia dan Allah terhenti. Mereka diusir dari Taman Eden dan hidup dalam airmata, kepedihan, penderitaan, penyakit dan kematian. Karena segala sesuatu yang ada di tanah sudah dikutuk, maka bumi hanya menghasilkan onak dan duri dan hanya dengan peluh pada kening barulah mereka dapat memperoleh makanannya (Kejadian 3:16-24).

Demikianlah, sebab utama terjadinya penyakit adalah dosa mula-mula yang diakibatkan oleh ketidaktaatan Adam. Seandainya Adam tidak berlaku tidak taat kepada Allah, ia tidak akan terusir dari Taman Eden dan akan menjalani hidup yang sehat sepanjang waktu. Dengan kata lain, melalui satu orang maka setiap manusia sudah menjadi pendosa dan menjadi hidup dalam bahaya dan penderitaan dari segala jenis penyakit. Tanpa terlebih dulu menyelesaikan masalah dosa, tidak seorang pun akan dinyatakan benar di hadapan Allah dengan memandang hukum Taurat (Roma 3:20).

Surya Kebenaran Dengan Kesembuhan pada Sayapnya

Maleakhi 4:2 mengatakan kepada kita, *"Tetapi kamu yang takut akan nama-Ku, bagimu akan terbit surya kebenaran dengan kesembuhan pada sayapnya; kamu akan keluar dan berjingkrak-jingkrak seperti anak lembu lepas kandang"*. Di sini, "surya kebenaran" merujuk kepada Mesias.

Pada umat manusia yang sedang berada di jalan kehancuran dan penderitaan akibat penyakit, Allah berbelas kasihan dan menebus kita dari segala dosa melalui Yesus Kristus. Ia telah menyiapkan, dengan membuat Yesus disalibkan dan darah-Nya ditumpahkan. Karenanya, setiap orang yang telah menerima Yesus Kritus, menerima pengampunan atas dosa-dosanya, dan mencapai keselamatan, kini dapat terbebas dari penyakit dan menjalani kehidupan yang sehat. Karena adanya kutuk pada segala sesuatu, maka manusia harus hidup dalam bahaya penyakit sepanjang ia masih memiliki nafas tetapi oleh kasih dan karunia Allah, suatu jalan menuju kekebebasan dari penyakit sekarang telah terbuka.

Ketika anak-anak Allah menolak dosa sampai mencucurkan darah mereka (Ibrani 12:4) dan hidup menurut Firman-Nya, Ia akan melindungi mereka dengan mata-Nya yang seperti api yang menyala-nyala dan menjagai mereka dengan dinding berapi Roh Kudus sehingga tidak ada racun di udara yang dapat sekali pun memasuki tubuh mereka. Bahkan jika seseorang jatuh sakit, ketika ia bertobat dan berbalik dari jalan-jalannya yang jahat, Allah akan membakar penyakit itu dan menyembuhkan bagian-bagian yang terkena sakit. Ini adalah penyembuhan oleh "surya kebenaran".

Pengobatan modern telah mengembangkan terapi ultraviolet,

yang saat ini banyak digunakan untuk mencegah dan menyembuhkan berbagai macam penyakit. Sinar ultraviolet sangat efektif untuk menyembuhkan infeksi dan menyebabkan perubahan kimia di dalam tubuh. Terapi ini dapat menghancurkan sekitar 99% dari basil kolon, difteri, dan basil disentri serta juga efektif untuk TBC, polio, anemia, rematik, dan penyakit kulit. Perawatan sebaik dan sekuat terapi ultraviolet, tetap saja, tidak dapat diterapkan untuk *semua* penyakit.

Hanya "surya kebenaran dengan kesembuhan pada sayapnya" yang tertulis di dalam Kitab Suci yang merupakan sinar kuasa yang dapat menyembuhkan semua penyakit. Sinar dari surya kebenaran dapat digunakan untuk semua jenis penyakit dan karena dapat digunakan terhadap semua orang, cara di mana Allah menyembuhkan dengan sederhana namun lengkap, dan pada intinya adalah yang terbaik.

Tidak lama setelah pendirian gereja saya, ada seorang pasien di tepi kematian dan menderita dari rasa sakit yang menyiksa akibat kelumpuhan dan kanker dibawa kepada saya di atas tandu. Ia tidak dapat berbicara karena lidahnya telah menjadi kaku dan tidak dapat menggerakkan tubuhnya karena seluruh tubuh itu telah menjadi lumpuh. Karena dokter-dokter telah menyerah, istri sang pasien, yang telah percaya akan kuasa Allah, mendorong suaminya untuk menyerahkan segala sesuatunya kepada Allah. Setelah menyadari bahwa satu-satunya jalan untuk mempertahankan hidupnya adalah dengan bergantung dan memohon kepada Allah, sang pasien mencoba untuk menyembah walaupun ia sambil berbaring dan istrinya juga dengan sungguh-sungguh memohon dalam iman dan kasih. Saat saya melihat iman dari kedua orang ini, saya juga berdoa dengan sungguh-sungguh bagi orang itu. Tidak lama sesudahnya, pria itu yang sebelumnya menganiaya istrinya karena percaya Yesus bertobat dengan mengoyakkan hatinya, dan Allah mengirimkan sinar kesembuhan, membakar tubuh pria itu dengan api Roh Kudus, dan membersihkan tubuhnya. Haleluya! Karena penyebab utama penyakitnya telah dibakar, pria itu segera mulai berjalan dan berlari, dan ia menjadi sehat kembali. Tidak perlu dikatakan bagaimana para anggota jemaat Manmin memberi kemuliaan bagi Allah dan bersukacita karena mengalami pekerjaan menakjubkan dari penyembuhan Allah.

Bagi Engkau yang Menyembah Nama-Ku

Allah kita adalah Allah Yang Mahakuasa yang menciptakan segala sesuatu di alam semesta ini dengan firman-Nya dan menciptakan manusia dari debu tanah. Karena Allah yang seperti ini telah menjadi Bapa kita, bahkan jika kita jatuh sakit, saat kita sepenuhnya bergantung kepada-Nya dengan iman, Ia akan melihat dan mengakui iman kita dan menyembuhkan kita dengan senang hati. Tidak ada salahnya dengan penyembuhan di rumah sakit, tetapi Allah berkenan kepada anak-anak-Nya yang percaya pada kemahatahuan dan kemahakuasaan-Nya, dengan sungguh-sungguh berseru kepada-Nya, menerima penyembuhan, dan memberi kemuliaan bagi-Nya.

Dalam 2 Raja-Raja 20:1-11 ada kisah tentang Hizkia, raja Yehuda, yang menjadi sakit saat Asyur menyerang kerajaannya, tetapi menerima kesembuhan penuh tiga hari setelah ia berdoa kepada Allah dan hidupnya diperpanjang selama lima belas tahun.

Melalui Nabi Yesaya, Allah memberi tahu Hizia *"Sampaikanlah pesan terakhir kepada keluargamu, sebab engkau akan mati, tidak akan sembuh lagi"* (2 Raja-Raja 20:1; Yesaya 38:1). Dengan kata lain, Hizkia sudah diberikan hukuman mati di mana ia diperintahkan untuk bersiap-siap atas kematiannya dan mengatur urusan kerajaan dan keluarganya. Namun, Hizkia segara membalikkan wajahnya ke dinding dan berdoa kepada TUHAN (2 Raja-Raja 20:2). Sang raja setelah menyadari bahwa penyakit itu adalah akibat dari hubungannya dengan Allah, mengesampingkan segalanya, dan memutuskan untuk berdoa.

Karena Hizkia berdoa kepada Allah dengan sungguh-sungguh dan dalam deraian airmata, Ia mengatakan dan berjanji kepada sang raja bahwa, *"Telah Kudengar doamu, dan telah Kulihat airmatamu; sesungguhnya, Aku akan memperpanjang hidupmu lima belas tahun lagi. Dan Aku akan melepaskan engkau dan kota ini dari tangan raja Asyur; dan Aku akan memagari kota ini"* (Yesaya 38:5-6). Kita juga dapat menyimpulkan betapa sungguh-sungguh dan tekunnya Hizkia berdoa ketika Allah mengatakan kepadanya, "Aku telah mendengar doamu dan melihat airmatamu."

Allah telah menjawab permintaan Hizkia sepenuhnya menyembuhkan sang raja sehingga ia dapat pergi ke bait Allah dalam tiga hari. Lebih lagi, Allah memperpanjang hidup Hizkia sebanyak lima belas tahun, dan selama sisa hidup Hizkia, Ia menjaga kota Yerusalem tetap aman dari ancaman Asyur.

Karena Hizkia sangat mengerti bahwa masalah hidup dan matinya seseorang ada dalam kekuasaan Allah, maka berdoa kepada Allah menjadi hal yang paling penting baginya. Allah telah berkenan melihat hati dan iman Hizkia yang merendahkan diri, dan Ia menjanjikan penyembuhan bagi sang raja, dan ketika Hizkia meminta tanda akan kesembuhannya, Allah bahkan membuat bayang-bayang mundur sebanyak sepuluh tapak, yang sudah dijalaninya pada penunjuk matahari buatan Ahas (2 Raja-Raja 20:11). Allah kita adalah Allah penyembuh dan Bapa yang sangat perhatian dan memberi kepada mereka yang mencari.

Sebaliknya, kita menemukan di dalam 2 Tawarikh 16:12-13 bahwa *"Pada tahun ketiga puluh sembilan pemerintahannya Asa menderita sakit pada kakinya yang kemudian menjadi semakin parah. Penyakitnya sangat parah, bahkan dengan penyakitnya ini ia tidak mencari TUHAN, tapi dokter-dokter. Kemudian Asa mendapat perhentian bersama-sama nenek moyangnya. Ia mati pada tahun keempat puluh satu pemerintahannya."* Saat ia akhirnya naik tahta, Asa melakukan apa yang benar di mata TUHAN, seperti nenek moyangnya Daud (1 Raja-Raja 15:11). Pada mulanya ia adalah penguasa yang bijaksana tetapi saat ia pelan-pelan mulai kehilangan imannya dalam Allah dan mulai lebih mengandalkan manusia, sang raja tidak dapat menerima pertolongan Allah.

Ketika Baasa, raja Israel, menyerang Yehuda, Asa mengandalkan Ben-Hadad, raja Aram, bukannya Allah. Karena hal ini Asa didatangi oleh Hanani si pelihat, tetapi ia tidak berbalik dari jalan-jalannya dan malahan memenjarakan si pelihat itu dan menekan rakyatnya sendiri (2 Tawarikh 16:7-10).

Sebelum Asa mulai mengandalkan raja Aram, Allah ikut campur terhadap tentara Aram sehingga mereka tidak dapat menyerang Yehuda. Sejak saat Asa mengandalkan raja Aram dan bukannya Allahnya, maka raja Yehuda itu tidak lagi dapat menerima pertolongan dari-Nya. Terlebih lagi, Allah tidak dapat berkenan dengan Asa yang mencari pertolongan para dokter dan bukannya Allah. Karena itulah Asa meninggal hanya dua tahun setelah ia terjangkit penyakit kaki itu. Walaupun Asa mengakui imannya dalam Allah, namun karena ia tidak menunjukkan perbuatan atas imannya dan gagal untuk berseru kepad Allah, maka Allah Mahakuasa tidak dapat berbuat apa-apa untuk sang raja.

Sinar penyembuhan dari Allah kita dapat menyembuhkan segala jenis penyakit bahkan orang lumpuh dapat berdiri dan berjalan, orang buta dapat melihat, yang tuli mendengar, dan orang mati dibangkitkan menjadi hidup kembali. Sehingga, karena Allah Penyembuh memiliki kuasa yang tidak terbatas, kegawatan dari suatu penyakit tidaklah penting. Dari semua penyakit yang sesepele flu hingga keadaan kritis seperti kanker, bagi Allah Penyembuh semuanya sama saja. Hal yang lebih penting adalah hati seperti apa yang kita miliki saat datang ke hadapan Allah: Apakah hati kita seperti Asa atau seperti Hizkia.

Semoga Anda menerima Yesus Kristus, menerima jawaban atas masalah dosa, dibenarkan oleh iman, memperkenan Allah dengan hati dan iman yang rendah hati diikuti oleh perbuatan seperti Hizkia, menerima penyembuhan untuk semua jenis penyakit, dan selalu menjalani kehidupan yang sehat, dalam nama Tuhan kita saya berdoa!

Il raggio di guarigione che proviene dal nostro Dio può guarire ogni tipo di malattia, attraverso di Lui i paralitici possono camminare, i non vedenti vedere, i non udenti riacquistare l'udito, i morti tornare in vita, il suo potere guaritore è illimitato, dunque, la gravità di una malattia non ha rilevanza. Per il nostro Dio non c'è differenza tra guarire un acciacco minore come il raffreddore piuttosto che una patologia così grave come il cancro. La questione critica è il cuore con cui ci presentiamo davanti a Lui: è simile a quella di ASA o a quello di EZECHIA?

Prego nel nome del nostro Signore che ogni lettore possa accettare Gesù Cristo, risolvere il problema del peccato, essere considerato giusto per fede, e pregare Dio con un cuore umile e pieno di fede, come fece Ezechia, per ricevere la guarigione da tutte le malattie e vivere una vita sana!

Bab 2

Maukah Engkau Sembuh?

Yohanes 5:5-6

Di situ ada seorang yang sudah tiga puluh delapan tahun lamanya sakit. Ketika Yesus melihat orang itu berbaring di situ dan karena Ia tahu, bahwa ia telah lama dalam keadaan itu, berkatalah Ia kepadanya: "Maukah engkau sembuh?"

Maukah Engkau Sembuh?

Ada banyak kasus di mana orang-orang, yang sebelumnya tidak mengenal Allah, mencari-Nya dan datang ke hadapan-Nya. Sebagian orang datang kepada-Nya karena mereka mengikuti hati nuraninya sementara yang lain bertemu dengan Allah setelah diinjili. Sebagian yang lainnya menemukan Allah setelah mengalami keskeptisan dalam hidup melalui berbagai kegagalan dalam usaha atau perselisihan keluarga. Yang lainnya datang ke hadapan Allah dengan hati yang amat membutuhkan setelah mengalami penderitaan akibat rasa sakit fisik yang menyiksa atau takut akan kematian.

Seperti yang telah dilakukan oleh orang lumpuh yang telah menderita dari rasa sakit selama 38 tahun di kolam yang disebut Betesda, untuk dapat memberikan sepenuhnya penyakit Anda kepada Allah dan menerima penyembuhan, seseorang harus merindukan penyembuhan di atas segalanya.

Di Yerusalem dekat Pintu Gerbang Domba, ada kolam yang dalam bahasa Ibrani disebut "Betesda". Kolam itu dikelilingi oleh lima buah serambi di mana orang buta, orang pincang dan orang lumpuh berkumpul dan berbaring di sana karena ada legenda bahwa sewaktu-waktu, seorang malaikat Allah akan turun dan menggoncangkan airnya. Orang-orang juga percaya bahwa orang pertama yang memasuki kolam yang namanya berarti "Rumah Belas Kasihan" itu, setelah airnya digoncangkan, akan disembuhkan dari penyakit apa pun yang ia derita.

Ketika Yesus melihat orang itu berbaring di situ dan karena Ia tahu, bahwa ia telah lama dalam keadaan itu, berkatalah Ia kepadanya: "Maukah engkau sembuh?" Jawab orang sakit itu kepada-Nya: *"Tuhan, tidak ada orang yang menurunkan aku ke dalam kolam itu apabila airnya mulai goncang, dan sementara aku menuju ke kolam itu, orang lain sudah turun mendahului aku"* (Yohanes 5:7). Melalui hal ini, orang itu mengaku kepada Tuhan bahwa walaupun ia sungguh-sungguh merindukan penyembuhan, ia tidak dapat melakukannya sendiri. Tuhan kita melihat hati orang ini dan berkata kepadanya, *"Bangunlah, angkatlah tilammu dan berjalanlah."* Ia mengangkat tilamnya dan berjalan (Yohanes 5:8).

Anda Harus Menerima Yesus Kristus

Ketika orang yang sudah lumpuh selama 38 tahun itu bertemu Yesus Kristus, ia menerima penyembuhan seketika. Karena ia percaya kepada Yesus Kristus, sumber dari kehidupan sejati, dosa-dosanya diampuni dan penyakitnya disembuhkan.

Apakah ada di antara Anda yang menderita oleh penyakit? Jika anda menderita dari penyakit dan ingin datang ke hadapan Allah dan menerima penyembuhan, Anda terlebih dahulu harus menerima Yesus Kristus, menjadi anak Allah, dan menerima pengampunan untuk dapat membuang penghalang antara Anda dan Allah. Kemudian Anda harus percaya bahwa Allah adalah Mahatahu dan Mahakuasa, Ia dapat melakukan mukjizat apa saja. Anda juga harus percaya bahwa kita telah ditebus dari semua penyakit kita oleh bilur-bilur Yesus, dan bahwa saat anda mencari dalam nama Yesus Kristus maka Anda akan menerima penyembuhan.

Ketika kita meminta dengan iman seperti ini, Allah akan mendengar doa iman kita dan memanifestasikan pekerjaan penyembuhan. Tidak masalah seberapa pun lamanya atau seberapa pun kritisnya penyakit Anda, yakinlah untuk menyerahkan semua masalah penyakit Anda kepada Allah, dengan mengingat bahwa anda dapat menjadi pulih kembali seketika saat kuasa Allah menyembuhkan Anda.

Ketika orang lumpuh yang diceritakan dalam Markus 2:3-12 pertama kali mendengar bahwa Yesus sudah datang ke Kapernaum, ia ingin pergi ke hadapan-Nya. Setelah mendengar berita tentang Yesus yang menyembuhkan orang-orang dengan berbagai penyakit, mengusir roh-roh jahat, dan menyembuhkan penderita kusta, si orang lumpuh ini berpikir bahwa jika ia percaya maka ia pun akan dapat menerima penyembuhan. Ketika orang lumpuh itu menyadari bahwa ia tidak dapat mendekati Yesus karena ada kerumunan besar yang berkumpul, maka dengan bantuan teman-temannya ia membongkar atap rumah di mana Yesus berada dan kasur tempatnya berbaring diturunkan ke hadapan Yesus.

Bisakah Anda bayangkan betapa inginnya si orang lumpuh itu untuk pergi ke hadapan Yesus sampai-sampai melakukan hal ini? Bagaimana Yesus bereaksi ketika si orang lumpuh, yang tidak dapat pergi dari satu tempat ke tempat lainnya dan tidak dapat bergerak akibat kerumunan itu, menunjukkan iman dan pengabdiannya dengan pertolongan teman-temannya? Yesus tidak membentak orang lumpuh itu atas sikapnya yang tidak sopan melainkan berkata kepadanya, "Anak-Ku, dosamu sudah diampuni," dan membuatnya berdiri serta segera dapat berjalan.

Dalam Amsal 8:17 Allah berkata kepada kita, *"Aku mengasihi orang yang mengasihi aku, dan orang yang tekun mencari aku akan mendapatkan daku."* Jika Anda ingin terbebas dari penyakit, pertama-tama Anda harus sungguh-sungguh menginginkan kesembuhan, percaya pada kuasa Allah yang dapat menyelesaikan masalah penyakit dan menerima Yesus Kristus.

Anda Harus Menghancurkan Dinding Dosa

Tidak masalah seberapa pun Anda percaya bahwa Anda dapat disembuhkan oleh kuasa Allah, Ia tidak dapat bekerja di dalam Anda jika ada dinding dosa antara Anda dan Allah. Karena itulah di dalam Yesaya 1:15-17, Allah mengatakan kepada kita, *"Apabila kamu menadahkan tanganmu untuk berdoa, Aku akan memalingkan muka-Ku, bahkan sekalipun kamu berkali-kali berdoa, Aku tidak akan mendengarkannya, sebab tanganmu penuh dengan darah. Basuhlah, bersihkanlah dirimu, jauhkanlah perbuatan-perbuatanmu yang jahat dari depan mata-Ku. Berhentilah berbuat jahat, belajarlah berbuat*

baik; usahakanlah keadilan, kendalikanlah orang kejam;
belalah hak anak-anak yatim, perjuangkanlah perkara janda-
janda!" dan kemudian di dakan ayat berikutnya 18 Ia berjanji,
"Marilah, baiklah kita berperkara! Sekalipun dosamu merah
seperti kirmizi, akan menjadi putih seperti salju; sekalipun
berwarna merah seperti kain kesumba, akan menjadi putih
seperti bulu domba." Kita juga menemukan firman berikut ini
di dalam Yesaya 59:1-3:

> *Sesungguhnya, tangan TUHAN tidak kurang panjang*
> *untuk menyelamatkan, dan pendengaran-Nya tidak*
> *kurang tajam untuk mendengar. Tetapi yang merupakan*
> *pemisah antara kamu dan Allahmu ialah segala*
> *kejahatanmu, dan yang membuat Dia menyembunyikan*
> *diri terhadap kamu, sehingga Ia tidak mendengar, ialah*
> *segala dosamu. Sebab tanganmu cemar oleh darah dan*
> *jarimu oleh kejahatan; mulutmu mengucapkan dusta,*
> *lidahmu menyebut-nyebut kecurangan.*

Orang-orang yang tidak mengenal Allah dan belum
menerima Yesus Kristus, dan telah menjalani kehidupan atas
kehendak mereka sendiri tidak menyadari bahwa mereka adalah
pendosa. Ketika orang-orang menerima Yesus Kristus sebagai
Juru Selamat mereka dan menerima pemberian berupa Roh
Kudus, maka Roh Kudus akan menghukum dunia dengan rasa
bersalah atas dosa dan kebenaran dan penghakiman, dan mereka

akan tahu dan mengakui bahwa mereka adalah pendosa (Yohanes 16:8-11).

Namun, karena ada contoh-contoh di mana orang tidak tahu dengan rinci apakah dosa itu, sehingga mereka tidak dapat membuang dosa dan kejahatan di dalam diri mereka dan menerima jawaban dari Allah, maka mereka harus terlebih dahulu mengetahui apa yang merupakan dosa dalam pandangan Allah. Untuk semua sakit-penyakit yang diakibatkan oleh dosa, hanya jika Anda menyelidiki diri Anda sendiri dan menghancurkan dinding dosa barulah Anda dapat mengalami pekerjaan penyembuhan yang cepat.

Mari kita menyelidiki apa yang dikatakan oleh Alkitab kepada kita sebagai dosa dan bagaimana kita dapat menruntuhkan tembok dosa itu.

1. Anda harus bertobat karena tidak percaya kepada Allah dan menerima Yesus Kristus.

Alkitab mengatakan kepada kita bahwa ketidakpercayaan kita dalam Allah dan tidak menerima Yesus Kristus sebagai Juru Selamat kita dianggap sebagai dosa (Yohanes 16:9). Banyak orang tidak percaya yang berkata bahwa mereka menjalani kehidupan yang baik tetapi orang-orang ini tidak bisa mengenal diri mereka sendiri dengan benar karena mereka tidak mengetahui tentang Firman kebenaran - terang Allah - dan tidak bisa membedakan yang benar dan yang salah.

Bahkan walaupun seseorang cukup percaya diri telah menjalani kehidupan yang baik, namun ketika hidupnya berbalik menentang kebenaran, yaitu Firman dari Allah Mahakuasa yang telah menciptakan segala sesuatu di alam semesta dan mengendalikan, hidup mati, kutuk dan berkat, maka banyak ketidak benaran akan ditemukn. Karena itulah mengapa Alkitab mengatakan kepada kita bahwa, *"Sebab tidak seorangpun yang dapat dibenarkan di hadapan Allah oleh karena melakukan hukum Taurat, karena justru oleh hukum Taurat orang mengenal dosa"* (Roma 3:20).

Ketika Anda menerima Yesus Kristus dan menjadi anak Allah setelah Anda bertobat karena tidak percaya kepada Allah dan menerima Yesus Kristus, Allah Yang Mahakuasa akan menjadi Bapa Anda, dan Anda kemudian akan menerima jawaban atas apa pun penyakit yang Anda derita.

2. Anda harus bertobat karena tidak mengasihi saudara seiman.

Alkitab mengatakan kepada kita bahwa, *"Saudara-saudaraku yang kekasih, jikalau Allah sedemikian mengasihi kita, maka haruslah kita juga saling mengasihi"* (1 Yohanes 4:11). Ayat itu juga mengingatkan kepada kita bahwa kita harus mengasihi bahkan musuh kita (Matius 5:44). Jika kita membenci saudara kita, maka kita akan melanggar Firman Allah, dan dengan demikian berbuat dosa.

Agar Yesus menunjukkan kasih-Nya bagi umat manusia yang berdiam dalam dosa dan kejahatan dengan disalibkan pada kayu salib, yang tepat untuk kita lakukan adalah mengasihi orangtua kita, anak-anak kita, dan juga saudara-saudara kita laki-laki dan perempuan. Tidak benar di mata Allah jika kita membenci dan tidak dapat mengampuni karena perasaan kesal dan salah paham antara satu sama lain yang sebenarnya tidak penting.

Dalam Matius 18:23-35, Yesus memberikan perumpamaan berikut ini kepada kita:

"Sebab hal Kerajaan Sorga seumpama seorang raja yang hendak mengadakan perhitungan dengan hamba-hambanya. Setelah ia mulai mengadakan perhitungan itu, dihadapkanlah kepadanya seorang yang berhutang sepuluh ribu talenta. Tetapi karena orang itu tidak mampu melunaskan hutangnya, raja itu memerintahkan supaya ia dijual beserta anak isterinya dan segala miliknya untuk pembayar hutangnya. Maka sujudlah hamba itu menyembah dia, katanya: 'Sabarlah dahulu, segala hutangku akan kulunaskan'. Lalu tergeraklah hati raja itu oleh belas kasihan akan hamba itu, sehingga ia membebaskannya dan menghapuskan hutangnya. Tetapi ketika hamba itu keluar, ia bertemu dengan seorang hamba lain yang berhutang seratus dinar kepadanya. Ia menangkap dan mencekik kawannya itu, katanya: 'Bayar hutangmu!' Maka

sujudlah hamba itu menyembah dia, katanya: 'Sabarlah dahulu, segala hutangku akan kulunaskan'. Tetapi ia menolak dan menyerahkan kawannya itu ke dalam penjara sampai dilunaskannya hutangnya. Melihat itu kawan-kawannya yang lain sangat sedih lalu menyampaikan segala yang terjadi kepada tuan mereka. Raja itu menyuruh memanggil orang itu dan berkata kepadanya: 'Hai hamba yang jahat, seluruh hutangmu telah kuhapuskan karena engkau memohonkannya kepadaku. Bukankah engkaupun harus mengasihani kawanmu seperti aku telah mengasihani engkau?' Maka marahlah tuannya itu dan menyerahkannya kepada algojo-algojo, sampai ia melunaskan seluruh hutangnya. Maka Bapa-Ku yang di sorga akan berbuat demikian juga terhadap kamu, apabila kamu masing-masing tidak mengampuni saudaramu dengan segenap hatimu."

Walaupun kita telah menerima pengampunan dan karunia dari Allah Bapa, apakah kita tidak dapat menerima kesalahan dan kekurangan saudara kita, dan sebaliknya justru mengembangkan persaingan, menciptakan musuh, membenci dan menghasut satu sama lain?

Allah mengatakan kepada kita bahwa, *"Setiap orang yang membenci saudaranya, adalah seorang pembunuh manusia. Dan kamu tahu, bahwa tidak ada seorang pembunuh yang tetap memiliki hidup yang kekal di dalam dirinya"* (1 Yohanes

3:15), *"Maka Bapa-Ku yang di sorga akan berbuat demikian juga terhadap kamu, apabila kamu masing-masing tidak mengampuni saudaramu dengan segenap hatimu"* (Matius 18:35), dan mendorong kita agar tidak *"Bersungut-sungut dan saling mempersalahkan, supaya kamu jangan dihukum. Sesungguhnya Hakim telah berdiri di ambang pintu"* (Yakobus 5:9).

Kita harus menyadari bahwa jika kita tidak mengasihi dan justru membenci saudara kita, maka kita juga, telah berdosa dan tidak akan dipenuhi oleh Roh Kudus melainkan jadi menderita. Karenanya, walaupun jika saudara kita membenci dan mengecewakan kita, kita jangan balas membenci dan mengecewakan mereka melainkan harus menjaga hati kita dengan kebenaran, mengerti dan memaafkan mereka. Hati kita harus dapat mempersembahkan doa penuh kasih untuk saudara-saudara yang demikian. Ketika kita memahami, mengampuni, dan mengasihi satu sama lain dengan pertolongan Roh Kudus, Allah juga akan menunjukkan kepada kita belas kasihan dan pengampunan-Nya, dan memanifestasikan pekerjaan penyembuhan.

3. Anda harus bertobat jika anda telah berdoa dengan tamak.

Ketika Yesus menyembuhkan seorang anak laki-laki yang dirasuki oleh roh jahat, murid-murid-Nya bertanya kepada-Nya,

"Mengapa kami tidak dapat mengusir roh itu?" (Markus 9:28). *Jawab-Nya kepada mereka: "Jenis ini tidak dapat diusir kecuali dengan berdoa"* (Markus 9:29).

Untuk dapat menerima penyembuhan pada taraf tertentu, doa dan permohonan juga harus dipersembahkan. Namun, doa untuk kepentingan pribadi tidak akan dijawab karena Allah tidak senang karenanya. Allah telah memerintahkan kepada kita, *"Jika engkau makan atau jika engkau minum, atau jika engkau melakukan sesuatu yang lain, lakukanlah semuanya itu untuk kemuliaan Allah"* (1 Korintus 10:31). Karenanya, tujuan dari pelajaran kita serta pencapaian ketenaran atau kuasa haruslah bagi kemuliaan Allah. Kita menemukan di dalam Yakobus 4:2-3, *"Kamu mengingini sesuatu, tetapi kamu tidak memperolehnya, lalu kamu membunuh. Kamu iri hati, tetapi kamu tidak mencapai tujuanmu, lalu kamu bertengkar dan kamu berkelahi. Kamu tidak memperoleh apa-apa, karena kamu tidak berdoa. Atau kamu berdoa juga, tetapi kamu tidak menerima apa-apa, karena kamu salah berdoa, sebab yang kamu minta itu hendak kamu habiskan untuk memuaskan hawa nafsumu."*

Meminta kesembuhan untuk mendapatkan hidup yang sehat adalah bagi kemuliaan Allah; Anda akan menerima jawaban ketika memintanya. Namun, jika anda tidak menerima penyembuhan walaupun Anda berdoa untuk itu, hal itu disebabkan karena Anda mungkin mencari sesuatu yang tidak sesuai kebenaran walaupun Allah ingin memberikan kepada

Anda hal-hal lain yang jauh lebih baik.

Doa seperti apakah yang akan memperkenan Allah? Seperti Yesus dalam Matius 6:33 berkata kepada kita, *"Tetapi carilah dahulu Kerajaan Allah dan kebenarannya, maka semuanya itu akan ditambahkan kepadamu,"* bukannya menguatirkan tentang makanan, pakaian, dan semacamnya, kita harus terlebih dulu menyenangkan Allah dengan mempersembahkan doa bagi kerajaan Allah dan kebenaran-Nya, dan untuk penginjilan dan pengudusan. Barulah kemudian Allah akan menjawab kerinduan hati Anda dan memberikan kesembuhan sempurna dari penyakit Anda.

4. Anda harus bertobat jika anda telah berdoa dalam keraguan.

Allah berkenan pada doa yang menunjukkan iman seseorang. Tentang hal ini kita menemukan di dalam Ibrani 11:6, *"Tetapi tanpa iman tidak mungkin orang berkenan kepada Allah, sebab barangsiapa berpaling kepada Allah, ia harus percaya bahwa Allah ada, dan bahwa Allah memberi upah kepada orang yang sungguh-sungguh mencari Dia".* Dengan cara yang sama, Yakobus 1:6-7 mengingatkan kita, *"Hendaklah mereka meminta dalam iman, dan sama sekali jangan bimbang, sebab orang yang bimbang sama dengan gelombang laut, yang diombang-ambingkan kian kemari oleh angin. Orang yang demikian janganlah mengira, bahwa ia akan menerima sesuatu dari Tuhan".*

Doa yang dipersembahkan dalam keraguan menunjukkan ketidakpercayaan seseorang akan Allah Yang Mahakuasa, merendahkan kuasa-Nya, dan membuat Allah menjadi seperti Allah yang tidak kompeten. Anda harus segera bertobat, mengikuti teladan para bapa iman, dan berdoa dengan tekun serta sungguh-sungguh untuk memiliki iman yang dapat membuat anda percaya di dalam hati.

Sering kali di dalam Alkitab, kita menemukan bahwa Yesus mengasihi orang-orang yang memiliki iman besar, memilih mereka sebagai pekerja-Nya, dan menjalankan pelayanan-Nya melalui dan bersama mereka. Saat orang-orang gagal menunjukkan iman mereka, Yesus mencela mereka bahkan juga murid-murid-Nya sendiri karena iman mereka yang kecil (Matius 8:23-27), tetapi memuji dan mengasihi orang-orang yang memiliki iman besar, walaupun mereka bukan bangsa Yahudi (Matius 8:10).

Bagaimana Anda berdoa dan iman seperti apakah yang Anda miliki?

Seorang kepala pasukan di dalam Matius 8:5-13 datang kepada Yesus dan meminta-Nya untuk menyembuhkan salah seorang hambanya yang terbaring lumpuh di rumah dan sedang dala penderitaan hebat. Ketika Yesus berkata kepada kepala pasukan itu, *"Aku akan datang dan menyembuhkannya,"* sang kepala pasukan menjawab, *"Tuan, aku tidak layak menerima Tuan di dalam rumahku, katakan saja sepatah kata, maka hambaku itu akan sembuh,"* dan menunjukkan imannya yang besar kepada Yesus. Setelah mendengar perkataan si kepala pasukan, Yesus senang dan memujinya. *"Aku berkata kepadamu, sesungguhnya iman sebesar ini tidak pernah Aku jumpai pada seorangpun di antara orang Israel."* Hamba kepala pasukan itu disembuhkan saat itu juga.

Dalam Markus 5:21-43 dituliskan sebuah contoh dari pekerjaan penyembuhan yang luar biasa. Ketika Yesus berada di tepi danau, seorang kepala rumah ibadat yang bernama Yairus datang kepada-Nya dan tersungkur di depan kaki-Nya. Yairus memohon kepada Yesus. *"Anakku perempuan sedang sakit, hampir mati, datanglah kiranya dan letakkanlah tangan-Mu atasnya, supaya ia selamat dan tetap hidup."*

Saat Yesus sedang berjalan bersama Yairus, seorang wanita yang telah dua belas tahun lamanya mengalami pendarahan datang kepada-Nya. Ia telah sangat menderita dalam perawatan banyak dokter dan telah menghabiskan segala miliknya, namun bukannya membaik penyakitnya malah menjadi semakin parah.

Perempuan itu telah mendengar kabar bahwa Yesus sedang berada di dekat situ dan di tengah kerumunan yang mengikuti-Nya, lalu menyentuh jubah-Nya. Karena perempuan itu percaya bahwa, *"Asal kujamah saja jubah-Nya, aku akan sembuh," ketika perempuan itu menaruh tangannya pada jubah Yesus, pada seketika itu juga pendarahannya berhenti; dan ia merasakan di dalam tubuhnya bahwa ia telah disembuhkan dari penyakitnya. Pada ketika itu juga Yesus mengetahui, bahwa ada tenaga yang keluar dari diri-Nya, lalu Ia berpaling di tengah orang banyak dan bertanya: "Siapa yang menjamah jubah-Ku?"* Ketika perempuan itu mengakui kebenarannya, Yesus berkata kepada perempuan itu, *"Hai anak-Ku, imanmu telah menyelamatkan engkau. Pergilah dengan selamat dan sembuhlah dari penyakitmu!"* Ia memberikan kepada perempuan itu keselamatan selain berkat kesehatan.

Pada waktu itu orang-orang dari rumah Yairus datang dan melaporkan, "Anak perempuanmu sudah meninggal". Yesus menenangkan Yairus dan berkata kepadanya, "Jangan takut, percaya saja," dan melanjutkan perjalanan ke rumah Yairus. Di sana, Ia berkata kepada orang-orang itu: 'Anak ini tidak mati, tetapi tidur,' dan berkata kepada anak perempuan itu, 'Talita kum!' (yang berarti "Hai anak, Aku berkata kepadamu, bangunlah!"). Anak perempuan itu segera bangun dan mulai berjalan.

Percayalah bahwa ketika Anda meminta dalam iman, bahkan penyakit yang parah dapat disembuhkan dan orang mati dapat dibangkitkan. Jika Anda telah berdoa dalam keraguan sampai saat ini, terimalah penyembuhan dan jadilah kuat dengan bertobat dari dosa itu.

5. Anda harus bertobat karena telah melanggar perintah Allah.

Yesus mengatakan kepada kita dalam 1 Yohanes 14:21,

"Barangsiapa memegang perintah-Ku dan melakukannya, dialah yang mengasihi Aku, ia akan dikasihi oleh Bapa-Ku dan akupun akan mengasihi dia dan akan menyatakan diri-Ku kepadanya". Di dalam 1 Yohanes 3:21-22 kita juga diingatkan, *"Saudara-saudaraku yang kekasih, jikalau hati kita tidak menuduh kita, maka kita mempunyai keberanian percaya untuk mendekati Allah; dan apa saja yang kita minta, kita memperolehnya dari pada-Nya karena kita menuruti segala perintah-Nya dan berbuat apa yang berkenan kepada-Nya"*. Seorang pendosa tidak dapat berdiri tegak di hadapan Allah. Namun, jika hati kita mulia dan tidak bercela bila diukur dengan Firman kebenaran, kita dapat dengan yakin meminta apa pun kepada Allah.

Karenanya, sebagai orang percaya dalam Allah, Anda harus belajar dan memahami Sepuluh Perintah Allah yang berlaku sebagai intisari dari ke-66 kitab di dalam Alkitab, dan menemukan seberapa banyak kehidupan Anda telah melanggarnya.

I. Apakah saya pernah memiliki allah lain di hadapan Allah dalam hati saya?

II. Apakah saya pernah menjadikan harta, anak-anak, kesehatan, bisnis, dan semacamnya milik saya sebagai berhala dan menyembahnya?

III. Apakah saya perrnah menyebut nama Allah dengan sembarangan?

IV. Apakah saya selalu menguduskan hari Sabat?

V. Apakah saya selalu menghormati orangtua saya?

VI. Apakah saya pernah melakukan pembunuhan secara fisik atau rohani dengan membenci saudara dan saudariku atau menyebabkan mereka berbuat dosa?

VII. Apakah saya pernah melakukan perzinaan, sekalipun hanya dalam hati?

VIII. Apakah saya pernah mencuri?

IX. Apakah saya pernah memberikan kesaksian palsu terhadap sesama saya?

X. Apakah saya pernah mengingini milik sesama saya?

Sebagai tambahan, Anda juga harus menyelidiki dan mencari tahu apakah Anda telah memegang perintah Allah dengan mengasihi sesamamu manusia seperti Anda mengasihi diri Anda sendiri. Jika Anda menaati perintah-perintah Allah dan meminta kepada-Nya, maka Allah Yang Penuh Kuasa akan menyembuhkan tiap-tiap dan semua penyakit.

6. Anda harus bertobat karena tidak menabur di dalam Allah.

Karena Allah mengendalikan segala sesuatu di alam semesta, Ia menetapkan seperangkat hukum untuk alam rohani, dan sebagai hakim yang adil Ia memimpin dan mengatur semua hal menurut hukum tersebut.

Di dalam Daniel 6, Raja Darius ditempatkan dalam posisi yang sulit di mana ia tidak dapat menyelamatkan hambanya yang terkasih Daniel dari gua singa, walaupun dia adalah seorang raja. Karena ia telah membuat sebuah ketetapan dengan tulisannya sendiri, Darius tidak dapat melanggar hukum yang telah ditetapkannya sendiri. Jika raja menjadi orang pertama yang membengkokkan aturan dan melanggar hukum, siapakah yang akan memperdulikan dan menyembahnya? Karena itulah, walaupu hamba yang paling dikasihinya, Daniel, akan dilemparkan ke gua singa dalam sebuah persekongkolan yang dibuat oleh orang-orang jahat, tidak ada yang dapat dilakukan oleh Darius.

Dengan perumpamaan yang sama, karena Allah tidak membengkokkan aturan dan melanggar hukum yang telah ditetapkan-Nya sendiri, maka segala sesuatu di alam semesta ini berjalan dalam tatanan yang teratur di bawah kekuasaan-Nya. Karena itu, *"Jangan sesat, Allah tidak membiarkan diri-Nya dipermainkan, karena apa yang ditabur orang, itu juga yang akan dituainya"* (Galatia 6:7).

Sebanyak apa yang sudah Anda tabur dalam doa, maka sebanyak itu pula Anda akan menerima jawaban dan tumbuh secara rohani, dan diri Anda akan dikuatkan, serta roh Anda diperbarui. Jika anda sakit atau memiliki kelemahan tetapi kini menabur waktu Anda dalam kasih Anda bagi Allah dengan tekun mengikuti semua kebaktian penyembahan, maka Anda akan menerima berkat kesehatan dan akan segera merasakan perubahan di dalam tubuh Anda. Jika anda menabur kekayaan dalam Allah, Ia akan melindungi dan menaungi Anda dari pencobaan dan juga memberi Anda berkat kekayaan yang lebih besar.

Dengan memahami betapa pentingnya untuk menabur dalam Allah, ketika Anda membuang segala pengharapan akan dunia ini yang fana dan akan binasa dan mulai mengumpulkan upah di surga dalam iman yang sejati, maka Allah Yang Mahakuasa akan membawa Anda ke dalam hidup yang sehat sepanjang waktu.

Dengan Firman Allah, kita telah mempelajari sejauh ini apa yang sudah menjadi tembok antara Allah dan manusia, dan mengapa kita hidup dalam penderitaan akibat penyakit. Jika Anda belum percaya kepada Allah dan menderita suatu penyakit, terimalah Yesus sebaga Juru Selamat Anda dan mulailah kehidupan di dalam Kristus. Janganlah takut akan orang yang bisa membunuh tubuh. Tetapi takutlah kepada Dia yang dapat menghukum tubuh dan roh ke neraka, jagalah iman Anda dalam Allah sumber keselamatan dari aniaya orangtua, saudara, pasangan, mertua Anda, dan orang-orang lainnya. Saat Allah mengakui iman Anda, maka Ia akan bekerja dan Anda akan memperoleh anugerah kesembuhan.

Jika Anda adalah seorang percaya tetapi menderita penyakit, selidikilah ke dalam diri Anda untuk melihat apakah ada sisa kejahatan, seperti kebencian, kecemburuan, iri hati, ketidakbenaran, kecabulan, ketamakan, kesinisan, pembunuhan, perselisihan, gosip, hujatan, kesombongan, dan semacamnya. Dengan berdoa kepada Allah dan menerima pengampunan dalam belas kasihan dan kemurahan-Nya, terimalah juga jawaban atas masalah penyakit Anda.

Banyak orang mencoba tawar-menawar dengan Allah. Mereka berkata bahwa jika Allah menyembuhkan sakit-penyakit mereka terlebih dulu, barulah mereka akan percaya kepada Yesus dan mengikutinya dengan sungguh-sungguh. Namun, karena Allah tahu isi hati dari masing-masing orang, hanya setelah membersihkan orang secara rohani barulah Ia akan menyembuhkan masing-masing mereka dari penyakit jasmaninya.

Dengan memahami bahwa pikiran manusia dan pikiran Allah berbeda, semoga Anda terlebih dulu menaati kehendak Allah supaya roh Anda dapat berjalan dengan baik saat Anda menerima berkat kesembuhan dari penyakit Anda, dalam nama Tuhan kita saya berdoa!

Bab 3

Allah Penyembuh

Keluaran 15 :26

Jika kamu sungguh-sungguh mendengarkan suara TUHAN, Allahmu, dan melakukan apa yang benar di mata-Nya, dan memasang telingamu kepada perintah-perintah-Nya dan tetap mengikuti segala ketetapan-Nya, maka Aku tidak akan menimpakan kepadamu penyakit manapun, yang telah Kutimpakan kepada orang Mesir; sebab Aku Tuhanlah yang menyembuhkan engkau.

Kenapa Manusia Jatuh Sakit?

Walaupun Allah Penyembuh ingin agar semua anak-Nya hidup sehat, banyak di antara mereka yang menderita kesakitan akibat penyakit, tidak dapat menyelesaikan masalah penyakit tersebut. Sama seperti ada penyebab dari setiap akibat, ada juga penyebab untuk setiap penyakit. Agar setiap penyakit dapat disembuhkan dengan cepat segera setelah penyebabnya diketahui, semua orang yang ingin menerima penyembuhan haruslah pertama-tama menentukan penyebab dari penyakit mereka. Dengan Firman Allah dari Keluaran 15:26, kita akan menyelidiki penyebab dari penyakit, dan cara-cara bagaimana kita dapat dibebaskan dari penyakit dan menjalani kehidupan yang sehat.

"TUHAN" adalah nama yang dirancang bagi Allah, dan itu berarti "AKU ADALAH AKU" (Keluaran 3:14). Nama itu juga menunjukkan bahwa semua makhluk lain tunduk terhadap autoritas Allah Yang Paling Disembah. Dari cara Allah menyebut Diri-Nya sendiri sebagai "TUHAN, yang menyembuhkanmu" (Keluaran 15:26), kita belajar akan kasih Allah yang membebaskan kita dari derita penyakit dan kuasa Allah yang menyembuhkan penyakit.

Dalam Keluaran 15:26, Allah menjanjikan kepada kita, *"Jika kamu sungguh-sungguh mendengarkan suara TUHAN, Allahmu, dan melakukan apa yang benar di mata-Nya,*

*dan memasang telingamu kepada perintah-perintah-Nya
dan tetap mengikuti segala ketetapan-Nya, maka Aku tidak
akan menimpakan kepadamu penyakit manapun, yang telah
Kutimpakan kepada orang Mesir; sebab Aku Tuhanlah yang
menyembuhkan engkau."* Demikianlah, jika Anda sudah jatuh
sakit, itu menjadi bukti bahwa Anda tidak sungguh-sungguh
mendengarkan suara-Nya, tidak melakukan apa yang benar di
mata-Nya, dan tidak memperhatikan perintah-Nya.

Karena anak-anak Allah adalah warga kerajaan surga, maka
mereka harus taat kepada hukum surga. Namun demikian, jika
warga kerajaan surga tidak menaati hukumnya, maka Allah
tidak dapat melindungi mereka karena dosa adalah bentuk
ketidaktaatan pada hukum (1 Yohanes 3:4). Lalu, kekuatan dari
penyakit akan akan masuk, meningalkan anak-anak Allah yang
tidak taat dalam derita penyakit.

Mari kita selidiki dengan detil mengenai cara-cara di mana
kita dapat jatuh sakit, dan bagaimana kuasa Allah Penyembuh
dapat menyembuhkan kita yang menderita penyakit.

Suatu Contoh di Mana Seseorang Jatuh Sakit Sebagai Akibat Dosanya

Di sepanjang Alkitab, Allah berkali-kali mengatakan kepada
kita bahwa penyebab penyakit adalah dosa. Yohanes 5:14
tertulis, *"Kemudian Yesus bertemu dengan dia dalam Bait
Allah lalu berkata kepadanya:'Engkau telah sembuh; jangan*

berbuat dosa lagi, supaya padamu jangan terjadi yang lebih buruk.'" Ayat ini mengingatkan kita bahwa jika manusia berdosa, ia akan jatuh sakit dengan penyakit yang lebih parah dari sebelumnya, dan juga oleh dosa orang jatuh sakit.

Di dalam Ulangan 7:12-15, Allah berjanji kepada kita bahwa, *"Dan akan terjadi, karena kamu mendengarkan peraturan-peraturan itu serta melakukannya dengan setia, maka terhadap engkau TUHAN, Allahmu, akan memegang perjanjian dan kasih setia-Nya yang diikrarkan-Nya dengan sumpah kepada nenek moyangmu. Ia akan mengasihi engkau, memberkati engkau dan membuat engkau banyak; Ia akan memberkati buah kandunganmu dan hasil bumimu, gandum dan anggur serta minyakmu, anak lembu sapimu dan anak kambing dombamu, di tanah yang dijanjikan-Nya dengan sumpah kepada nenek moyangmu untuk memberikannya kepadamu. Engkau akan diberkati lebih dari pada segala bangsa: tidak akan ada laki-laki atau perempuan yang mandul di antaramu, ataupun di antara hewanmu. TUHAN akan menjauhkan segala penyakit dari padamu, dan tidak ada satu dari wabah celaka yang kaukenal di Mesir itu akan ditimpakan-Nya kepadamu, tetapi Ia akan mendatangkannya kepada semua orang yang membenci engkau."* Di dalam orang-orang yang membenci ada kejahatan dan dosa, penyakit akan menimpa orang yang seperti itu.

Di dalam Ulangan pasal 28, juga dikenal sebagai "Pasal

Berkat," Allah memberi tahu kita apa saja berkat yang akan kita terima saat kita taat sepenuhnya kepada Allah kita dan dengan sungguh-sungguh mengikuti semua perintah-Nya. Ia juga memberi tahu kita kutuk apa saja yang akan menimpa kita dan mengikuti kita jika kita tidak mengikuti dengan sungguh-sungguh semua perintah dan ketetapan-Nya.

Terutama yang disebutkan dengan detil adalah jenis-jenis penyakit yang dapat menimpa kita jika kita tidak menaati Allah. Di antaranya adalah penyakit sampar; batuk kering, demam, demam kepialu, sakit radang, kekeringan, hama dan penyakit gandum; barah Mesir, dengan borok, dengan kedal dan kudis yang darinya engkau tidak akan bisa disembuhkan; kegilaan, kebutaan, kebingungan dalam pikiran dengan tidak seorang pun yang dapat menyelamatkannya, dan derita di lutut dan kaki dengan barah jahat yang tidak dapat disembuhkan, menyebar dari ujung kaki sampai ujung rambut (Ulangan 28:21-35).

Dengan pemahaman yang benar bahwa penyebab penyakit adalah dosa, maka jika anda telah jatuh sakit pertama-tama Anda haruslah bertobat karena tidak hidup sesuai Firman Allah dan menerima pengampuban. Pada saat Anda telah menerima penyembuhan dan hidup menurut Firman, Anda haruslah tidak boleh berbuat dosa lagi.

Suatu Contoh di Mana seseorang Jatuh Sakit Walaupun Ia Pikir Ia tidak Berdosa

Sebagian orang mengatakan bahwa walaupun mereka tidak berdosa mereka tetap saja jatuh sakit. Namun Firman Allah mengatakan kepada kita bahwa jika kita melakukan apa yang benar dalam pandangan Allah, jika kita memperhatikan perintah-perintah-Nya dan memegang semua ketetapan-Nya, maka Allah tidak akan mengenai kita dengan penyakit apa pun. Jika kita jatuh sakit, kita harus mengakui bahwa ada sesuatu yang kita lakukan yang tidak benar dalam pandangan-Nya dan tidak memegang ketetapan-Nya.

Lalu, dosa apakah yang menyebabkan timbulnya penyakit?

Jika seseorang menggunakan tubuh sehat yang telah diberikan Allah kepadanya tanpa pengendalian diri atau secara tidak bermoral, melanggar perintah-Nya, melakukan kesalahan, atau menjalani kehidupan yang tidak teratur, maka ia menaruh dirinya dalam risiko yang lebih besar untuk jatuh sakit. Yang termasuk ke dalam kategori ini adalah gangguan pencernaan dari pola makan yang berlebihan atau tidak teratur, penyakit liver akibat merokok dan minuman minuman keras terus-menerus, dan banyak lagi jenis penyakit lainnya yang berasal dari tubuh yang bekerja berlebihan.

Ini mungkin bukanlah merupakan dosa dari sudut pandang manusia, tetapi di mata Allah hal itu adalah dosa. Makan berlebihan adalah dosa karena itu menunjukkan ketamakan seseorang dan ketidakmampuannya untuk melakukan pengendalian diri. Jika seseorang jatuh sakit dari pola makan yang tidak teratur, dosanya adalah tidak menjalani kehidupan yang berdasarkan kerutinan atau memegang waktu makannya, tetapi menyiksa tubuhnya tanpa pengendalian diri. Jika seseorang jatuh sakit setelah mengonsumsi makanan yang belum cukup matang, dosanya adalah ketidaksabaran - tidak melakukannya menurut kebenaran.

Jika seseorang menggunakan pisaunya dengan tidak hati-hati dan melukai dirinya sendiri, dan luka itu menjadi membusuk, itu juga adalah akibat dari dosanya. Jika ia sungguh-sungguh mengasihi Allah, Ia akan melindungi orang tersebut sepanjang waktu dari berbagai kecelakaan. Bahkan jika dia melakukan kesalahan, Allah akan menyediakan jalan keluar dan, karena Ia bekerja untuk mendatangkan kebaikan bagi orang-orang yang mengasihi Dia, maka gtubuhnya tidak akan pernah tergores. Luka-lukanya pastilah diakibatkan oleh karena ia bertindak terburu-buru dan tidak dalam sikap yang luhur, yang mana keduanya tidaklah benar di hadapan Allah, demikianlah membuat perbuatannya menjadi berdosa.

Aturan yang sama berlaku juga untuk merokok dan minum. Jika seseorang menyadari bahwa merokok itu mengaburkan pikirannya, merusak bronkinya, dan menyebabkan kanker namun masih saja tetap tidak bisa berhenti, dan jika ia menyadari bajwa kadar racun di dalam alkohol merusak ususnya dan merapuhkan organ-organ tubuhnya, namun masih saja tetap tidak bisa berhenti, maka ini adalah perbuatan dosa. Itu menunjukkan ketidakmampuannya untuk mengendalikan dirinya dan ketamakannya, kurang mencintai tubuhnya, dan tidak mengikuti kehendak Allah. Bagaimana bisa semua ini bukan dosa?

Bahkan jika kita tidak yakin apakah semua penyakit merupakan akibat dari dosa, kita sekarang dapat yakin akan hal itu setelah memeriksa banyak kasus dan mengukurnya terhadap Firman Allah. Kita harus selalu taat dan hidup menurut Firman Allah supaya kita dapat terbebas dari penyakit. Dengan kata lain, saat kita melakukan apa yang benar dalam pandangan-Nya, memperhatikan perintah-Nya, dan memegang semua ketetapan-Nya, Ia akan melindungi kita dan menaungi kita dari penyakit setiap saat.

Penyakit-Penyakit yang Diakibatkan oleh Neurosis dan Gangguan Mental Lainnya

Statistik memberi tahu kita bahwa jumlah orang yang menderita neurosis dan gangguan mental lainnya sedang meningkat. Jika orang-orang bersabar seperti yang diperintahkan oleh Firman Allah kepada kita, dan jika mereka memaafkan, mengasihi, dan memahami sesuai dengan kebenaran, maka mereka dapat dengan mudah dibebaskan dari penyakit-penyakit yang demikian. Namun, tetap masih ada kejahatan tertinggal di dalam hati mereka dan kejahatan menghalangi mereka untuk hidup oleh Firman. Penderitaan mental melemahkan bagian tubuh yang lain dan sistem kekebalan, pada akhirnya menyebabkan penyakit. Saat kita hidup oleh Firman, emosi kita tidak akan teraduk-aduk, kita tidak akan menjadi pemarah, dan pikiran kita tidak akan terhasut.

Ada orang-orang di sekitar kita yang tidak kelihatan jahat melainkan baik, namun menderita penyakit semacam ini. Karena mereka menahan diri mereka sendiri dari mengekspresikan emosi bahkan sekedar emosi biasa saja, maka mereka menderita penyakit yang jauh lebih parah daripada orang-orang yang melepaskan kemarahannya. Kebaikan di dalam kebenaran bukanlah penderitaan dari konflik antara mengkontraskan emosi; sebaliknya malahan memahami satu sama lain dalam pengampunan dan kasih dan memperoleh kenyamaan dalam pengendalian diri dan ketabahan.

Sebagai tambahan, ketika orang-orang secara sadar melakukan dosa, mereka menderita penyakit mental dari penderitaan dan kehancuran mental. Karena mereka tidak berbuat kebaikan melainkan jauh semakin dalam pada kejahatan, maka penderitaan mental mereka mennciptakan suatu penyakit. Kita tahu bahwa neurosis dan gangguan mental lainnya terjangkit sendiri, karena diakibatkan oleh kebodohan Anda sendiri dan jalan-jalan yang jahat. Bahkan dalam kasus demikian, Allah Kasih akan menyembuhkan semua orang yang mencari Dia dan berharap menerima penyembuhan dari-Nya.

Apalagi, Ia juga memberikan kepada mereka pengharapan akan surga dan membiarkan mereka berdiam dalam kebahagiaan dan kenyamanan sejati.

Penyakit dari Iblis, si musuh, juga diakibatkan oleh dosa

Sebagian orang telah dirasuki oleh Setan dan menderita berbagai jenis penyakit yang dilemparkan ibls kepda mereka. Ini karena mereka telah menelantarkan kehendak Allah dan pergi menjauh dari kebenaran. Alasan mengapa ada banyak orang yang yang sakit, lumpuh dan dirasuki oleh setan di dalam keluarga yang menyembah berhala terutama adalah karena Allah membenci penyembahan berhala.

Di dalam Keluaran 20:5-6 kita menemukan, *"Jangan sujud menyembah kepadanya atau beribadah kepadanya, sebab Aku, TUHAN, Allahmu, adalah Allah yang cemburu, yang membalaskan kesalahan bapa kepada anak-anaknya, kepada keturunan yang ketiga dan keempat dari orang-orang yang membenci Aku, tetapi Aku menunjukkan kasih setia kepada beribu-ribu orang, yaitu mereka yang mengasihi Aku dan yang berpegang pada perintah-perintah-Ku."* Ia memberikan perintah khusus, melarang kita dari penyembahan berhala. Dari Sepuluh Perintah yang telah diberikannya kepada kita, melalui dua buah perintah yang pertama - *"Jangan ada padamu allah lain di hadapanku" (ay. 3)* dan *"Jangan membuat bagimu*

patung yang menyerupai apapun yang ada di langit di atas,
atau yang ada di bumi di bawah, atau yang ada di dalam
air di bawah bumi" (ay.4) - kita dapat dengan mudah menilai
betapa Allah sangat membenci penyembahan berhala.

Jika orangtua tidak menaati kehendak Allah dan menyembah
berhala, maka anak-anaknya akan secara alami mengikuti
perbuatan mereka. Jika orangtua tidak menaati Firman Allah
dan melakukan kejahatan, maka anak-anaknya akan secara
alami mengikuti teladan mereka dan melakukan kejahatan. Saat
dosa ketidaktaatan itu mencapai generasi ketiga dan keempat,
sebagai upah dosa, maka keturunan mereka akan menderita dari
penyakit-penyakit yang ditaruhkan oleh iblis kepada mereka.

Bahkan jika orangtua telah menyembah berhala namun
anak-anak mereka, dari kebaikan hati mereka, menyembah
Allah, Ia akan menunjukkan kasih dan kemurahan-Nya
dan memberkati mereka. Bahkan jika orang-orang sedang
menderita akibat penyakit yang ditaruhkan oleh iblis si musuh
setelah mengabaikan kehendak Allah dan pergi melenceng dari
kebenaran, saat mereka bertobat dan berbalik dari dosa, maka
Allah Penyembuh akan membasuh mereka. Sebagian orang akan
segera disembuhkan-Nya; sebagian lainnya akan disembuhkan-
Nya tidak lama kemudian; dan yang lainnya lagi akan
disembuhkan menurut pertumbuhan iman mereka. Pekerjaan
penyembuhan akan berlangsung menurut kehendak Allah. Jika
seseorang memiliki hati yang tidak berubah dalam pandangan-
Nya, orang itu akan langsung disembuhkan; namun jika hati

mereka jahat, mereka akan disembuhkan nanti.

Kita akan bebas dari penyakit saat kita hidup dalam iman

Karena Musa lebih memiliki hati yang lebih lembut dari siapa pun yang ada di muka bumi ini (Bilangan 12:3) dan setia dalam segenap rumah Allah, ia dianggap sebagai hamba yang dapat dipercaya oleh Allah (Bilangan 12:7). Alkitab juga mengatakan kepada kita bahwa ketika Musa meninggal pada usia 108 tahun, matanya belum lamur dan kekuatannya tidak hilang. Karena Abraham adalah seorang manusia yang penuh dan taat dalam iman serta menyembah Allah, ia mencapai umur 175 tahun (Kejadian 25:7). Daniel tetap sehat walaupun yang dimakannya hanyalah sayuran (Daniel 1:12-16), sementara Yohanes Pembaptis berbadan tegap walaupun ia hanya memakan belalang dan madu liar (Matius 3:4).

Orang mungkin bertanya-tanya bagaimana bisa seseorang tetap sehat tanpa mengonsumsi daging. Namun, ketika Allah pertama kali menciptakan manusia, Ia menyuruh Adam untuk memakan hanya buah-buahan saja. Dalam Kejadian 2:16-17 Allah memberi perintah ini kepada manusia: *"Semua pohon dalam taman ini boleh kaumakan buahnya dengan bebas; tetapi pohon pengetahuan tentang yang baik dan yang jahat itu, janganlah kaumakan buahnya, sebab pada hari engkau memakannya, pastilah engkau mati."* Setelah ketidaktaatan

Adam, Allah membuatnya hanya makan tanaman di padang (Kejadian 3:18) dan saat dosa terus menyerang dunia ini, setelah Penghakiman Air Bah, Allah mengatakan kepada Nuh di dalam Kejadian 9:3, *"Segala yang bergerak, yang hidup, akan menjadi makananmu. Aku telah memberikan semuanya itu kepadamu seperti juga tumbuh-tumbuhan hijau."* Karena manusia semakin menjadi jahat, Allah mengizinkan mereka untuk makan daging, tetapi bukan makanan yang "diharamkan" (Imamat 11; Ulangan 14).

Di masa Perjanjian Baru, Allah mengatakan dalam Kisah Para Rasul 15:29, *"kamu harus menjauhkan diri dari makanan yang dipersembahkan kepada berhala, dari darah, dari daging binatang yang mati dicekik dan dari percabulan. Jikalau kamu memelihara diri dari hal-hal ini, kamu berbuat baik."* Allah mengizinkan kita untuk memakan makanan yang bermanfaat bagi kesehatan kita dan menasehati kita untuk tidak memakan makanan-makanan yang berbahaya bagi kita; sehingga akan lebih baik bila kita tidak memakan atau meminum makanan yang tidak disukai Allah. Semakin banyak kita mengikuti kehendak Allah dan hidup di dalam iman, tubuh kita akan menjadi semakin kuat, penyakit akan meninggalkan kita, dan tidak akan ada sakit apa pun yang akan menyerang kita.

Terlebih lagi, kita tidak akan jatuh sakit saat kita hidup dalam kebenaran dengan iman karena dua ribu tahun yang lalu, Yesus Kristus datang ke dunia ini dan menanggung semua beban berat kita. Saat kita percaya bahwa dengan menumpahkan darah-Nya,

Yesus menebus kita dari dosa-dosa kita dan oleh bilur-bilurnya Ia mengambil kelemahan dan penyakit kita (Matius 8:17), itu akan terjadi sesuai dengan iman kita (Yesaya 53:5-6; 1 Petrus 2:24).

Sebelum kita bertemu Allah, kita tidak memiliki iman. Kita hidup dalam pengejaran atas keinginan-keinginan dari kecenderungan dosa kita dan menderita dari berbagai jenis penyakit sebagai akibat dari dosa kita itu. Saat kita hidup dalam iman dan melakukan segalanya dalam kebenaran, kita akan diberkati dengan kesehatan jasmani.

Bila pikiran sehat, maka tubuh juga akan sehat. Saat kita berdiam dalam kebenaran dan bertindak menurut Firman Allah, tubuh kita akan dipenuhi dengan Roh Kudus. Penyakit-penyakit akan meninggalkan kita dan bila tubuh kita menerima kesehatan jasmani, tidak akan ada penyakit yang akan menyerang kita. Karena tubuh kita berada dalam damai sejahtera, terasa ringan, bersukacita, dan sehat, kita tidak akan memiliki keinginan apa pun selain bersyukur karena Allah memberi kita kesehatan.

Semoga Anda bertindak dalam kebenaran dan dalam iman supaya saat rohmu baik-baik saja, Anda akan disembuhkan dari semua penyakit dan kelemahanmu, dan menerima kesehatan! Semoga Anda juga menerima kasih Allah yang berlimpah saat Anda taat dan hidup oleh Firman-Nya –semua ini dalam nama Tuhan kita saya berdoa.

Bab 4

Oleh Bilur-bilurnya
Kita Disembuhkan

Yesaya 53:4-5

Tetapi sesungguhnya, penyakit kitalah yang ditanggungnya, dan kesengsaraan kita yang dipikulnya, padahal kita mengira dia kena tulah, dipukul dan ditindas Allah. Tapi dia tertikam oleh karena pemberontakan kita, dia diremukkan oleh karena kejahatan kita, ganjaran yang mendatangkan keselamatan bagi kita ditimpakan kepadanya, dan oleh bilur-bilurnya kita menjadi sembuh.

Yesus Sebagai Anak Allah Menyembuhkan Semua Penyakit

Saat orang menjalani arah hidup masing-masing, mereka menemui berbagai masalah. Sama seperti laut tidak selalu tenang, di dalam samudra kehidupan ada banyak persoalan yang timbul dari rumah, pekerjaan, bisnis, penyakit, harta, dan lain-lain. Tidak berlebihan jika dikatakan bahwa di antara masalah-masalah dalam kehidupan ini, yang paling besar adalah penyakit.

Terlepas dari besarnya kekayaan dan pengetahuan yang dimiliki oleh seseorang, jika ia dihantam oleh penyakit parah, maka semua yang sudah ia capai seumur hidupnya akan menjadi sia-sia seperti gelembung saja. Di pihak lain, kita mengetahui bahwa seiring dengan kemajuan peradaban materi dan meningkatnya kekayaan, keinginan manusia akan kesehatan juga meningkat. Di sisi lain, tidak masalah sejauh apa ilmu pengetahuan dan pengobatan telah berkembang, berbagai penyakit baru dan langka -- yang tidak dapat diatasi oleh pengetahuan manusia – terus-menerus ditemukan dan jumlah orang yang menderitanya semakin bertambah. Mungkin itulah sebabnya saat ini ada penekanan lebih besar terhadap penyakit.

Penderitaan, penyakit dan kematian – semuanya berasal dari dosa – melambangkan keterbatasan manusia. Seperti yang telah dilakukan-Nya di masa Perjanjian Lama, Allah Penyembuh memberikan kepada kita sekarang cara di mana orang yang percaya kepada-Nya dapat disembuhkan dari semua penyakit, oleh iman mereka dalam Yesus Kristus. Mari kita selidiki Alkitab dan melihat mengapa kita menerima jawaban-jawaban atas permasalahan penyakit dan menjalani hidup yang sehat oleh iman kita di dalam Yesus Kristus.

Ketika Yesus bertanya kepada murid-murid-Nya, "Menurutmu siapakah Aku?" Simon Petrus menjawab, "Kau adalah Kristus, Anak Allah Yang Hidup" (Matius 16:15-16). Respons ini terdengar cukup sederhana, tetapi juga secara jelas mengungkapkan bahwa hanya Yesuslah sang Kristus.

Selama waktu kehidupan Yesus, ada kerumunan orang banyak yang mengikuti Yesus karena ia segera menyembuhkan orang-orang yang sakit. Termasuk orang yang kerasukan setan, berpenyakit ayan, lumpuh dan berbagai macam penyakit lainnya. Saat penderita kusta, orang yang sakit demam, yang lumpu, yang buta, dan lainnya disembuhkan oleh sentuhan Yesus, mereka mulai mengikuti dan melayani Dia. Betapa indahnyakah pemandangan ini? Setelah menyaksikan mukjizat dan keajaiban, orang-orang menjadi percaya dan menerima Yesus, menerima jawaban-jawaban atas permasalahan hidup mereka, dan orang yang sakit mengalami pakerjaan penyembuhan. Terlebih lagi, sama seperti Yesus menyembuhkan orang-orang di masanya, siapa pun yang datang ke hadapan Yesus juga dapat menerima penyembuhan sekarang.

Seorang pria yang tidak jauh berbeda dari seorang cacat datang menghadiri Kebaktian Penyembahan Jumat-Semalaman tidak lama setelah pendirian gereja saya. Setelah sebuah kecelakaan mobil, pria itu mendapat perawatan terapi untuk waktu yang lama di sebuah rumah sakit. Namun, karena otot-otot tendon di lututnya telah memanjang, ia tidak dapat membengkokkan lututnya dan karena betisnya tidak dapat digerakkan, maka mustahil baginya untuk berjalan. Saat ia mendengarkan Firman yang dikhotbahkan, ia rindu untuk menerima Yesus Kristus dan disembuhkan. Ketika saya berdoa sungguh-sungguh untuk pria itu, ia segera berdiri dan mulai berjalan dan berlari. Sama seperti seorang laki-laki lumpuh di dekat pintu gerbang bait Allah yang disebut Gerbang Indah melompat ke atas kakinya dan mulai berjalan setelah didoakan oleh Petrus (Kisah Para Rasul 3:1-10), sebuah perkerjaan mukjizat Allah telah dinyatakan.

Hal ini berlaku sebagai bukti bahwa siapa pun yang percaya dalam Yesus Kristus dan menerima pengampuan dalam nama-Nya dapat disembuhkan sepenuhnya dari segala penyakitnya – walaupun tidak bisa disembuhkan oleh ilmu pengetahuan kedokteran – saat tubuhnya diperbarui dan dipulihkan. Allah yang tetap sama kemarin dan hari ini dan selamanya (Ibrani 13:8) bekerja dalam orang-orang yang percaya dalam Firman-Nya dan mencari sesuai dengan ukuran iman mereka, dan Ia menyembuhkan berbagai macam penyakit, membuka mata yang buta, dan membuat orang lumpuh berdiri.

Siapa pun yang telah menerima Yesus Kristus, telah diampuni dari dosa-dosanya, dan telah menjadi Anak Allah kini harus hidup dalam kebebasan.

Mari sekarang kita selidiki secara detil mengapa masing-masing kita dapat menjalani kehidupan yang sehat saat kita percaya kepada Yesus Kristus.

Yesus Dicambuk dan Mengucurkan Darah-Nya

Sebelum penyalibannya, Yesus dicambuk oleh para tentara Romawi dan menumpahkan darahnya di pengadilan Pontius Pilatus. Tentara Romawi pada zaman Yesus adalah tentara yang sangat tegap, sangat kuat dan terlatih baik. Bagaimanapun, mereka adalah tentara dari suatu kekaisaran yang sedang menguasai dunia saat itu. Rasa sakit begitu hebat yang ditanggung Yesus saat tentara-tentara yang kuat ini menelanjangi dan mencambuknya tidak dapat digambarkan dengan kata-kata. Di setiap deraan, cambuk itu menggulung tubuh Yesus dan menarik daging-Nya sehingga darah mengucur dari tubuh-Nya.

Mengapa Yesus, Anak Allah yang tidak memiliki dosa, kesalahan, atau pun cela, harus dicambuk begitu keras dan berdarah bagi kita para pendosa? Yang tertanam dari peristiwa ini adalah implikasi rohani dari kedalaman dan pemeliharaan ajaib Allah.

1 Petrus 2:24 mengatakan kepada kita bahwa oleh luka-luka Yesus kita telah disembuhkan. Dalam Yesaya 53:5 kita membaca bahwa oleh bilur-bilur-Nya kita disembuhkan. sekitar dua ribu tahun yang lalu, Yesus Anak Allah dicambuk untuk menebus kita dari derita penyakit dan darah-Nya tercurah untuk dosa kita

karena tidak hidup oleh Firman Allah. Saat kita percaya dalam Yesus yang dicambuk dan berdarah, kita akan sudah terbebas dari penyakit kita dan disembuhkan. Ini adalah wujud kasih dan hikmat Allah yang luar biasa.

Karenanya jika Anda sedang menderita penyakit sebagai seorang anak Allah, bertobalah dari dosa-dosamu dan percayalah bahwa Anda telah disembuhkan. Karena *"Iman adalah dasar dari segala sesuatu yang kita harapkan dan bukti dari segala sesuatu yang tidak kita lihat"* (Ibrani 11:1), bahkan jika Anda merasakan sakit di bagian tubuh yang terkena penyakit, oleh iman yang dengannya Anda dapat berkata, "Aku sudah disembuhkan," maka pasti akan segera disembuhkan.

Selama masa-masa sekolah saya dulu, saya pernah melukai satu rusuk saya dan saat kambuh sewaktu-waktu, rasa sakitnya sungguh tidak tertahankan sehingga saya mengalami kesulitan bernafas. Setahun atau dua tahun setelah saya menerima Yesus Kristus, rasa sakit itu kambuh saat saya mencoba mengangkat benda yang sangat berat dan saya bahkan tidak bisa melangkah lagi. Walaupun demikian, karena saya telah mengalami dan percaya dalam kuasa Allah Yang Mahakuasa, saya berdoa sungguh-sungguh, "Saat aku bergerak segera sesudah Aku selesai berdoa, aku percaya bahwa rasa sakitnya akan hilang dan aku akan berjalan". karena saya hanya percaya pada Allah saya Yang Mahakuasa dan menghapuskan pemikiran akan rasa sakit, saya dapat berdiri dan berjalan. Seolah-olah rasa sakit itu hanya ada di dalam bayangan saya.

Seperti yang Yesus katakan kepada kita di dalam Markus 11:24, *"Karena itu Aku berkata kepadamu: apa saja yang kamu minta dan doakan, percayalah bahwa kamu telah menerimanya, maka hal itu akan diberikan kepadamu,"* jika kita percaya bahwa kita sudah disembuhkan, kita akan benar-benar memperoleh kesembuhan sesuai dengan iman kita. Namun, jika kita berpikir bahwa kita belum disembuhkan karena rasa sakit yang melingkupi, maka penyakit itu tidak akan disembuhkan. Dengan kata lain, hanya ketika kita mematahkan kerangka pemikiran kita sendiri, maka segala sesuatu akan terjadi sesuai dengan iman kita.

Karena itulah mengapa Allah memberi tahu kita bahwa keinginan daging adalah perseteruan terhadap Allah (Roma 8:7), dan mendorong kita untuk menawan semua pikiran untuk menundukkannya kepada Allah (2 Korintus 10:5). Terlebih lagi, di dalam Matius 8:17 kita menemukan bahwa Yesus mengambil kelemahan kita dan menanggung penyakit kita. Jika Anda berpikir bahwa "Saya lemah," maka Anda akan tetap menjadi lemah. Namun, tidak masalah seberapa pun sulit dan melelahkannya hidup Anda, jika lidah Anda mengaku, "Karena aku mempunyai kuasa dan anugerah Allah dan karena Roh Kudus memerintah hidupku, aku tidak lelah," kelelahan akan menghilang dan Anda akan berubah menjadi orang yang bersemangat.

Jika kita sungguh-sungguh percaya dalam Yesus Kristus yang mengambil kelemahan kita dan menanggung penyakit kita, maka kita harus ingat bahwa tidak ada alasan bagi kita untuk menderita dari penyakit.

Ketika Yesus melihat iman mereka

Setelah kita disembuhkan dari penyakit kita oleh bilur-bilur Yesus, yang kita perlukan adalah iman yang membuat kita dapat mempercayai ini. Sekarang ada banyak orang yang belum percaya dalam Yesus datang ke hadapan-Nya dengan penyakit mereka. Sebagian orang disembuhkan sedikit setelah mereka menerima Yesus Kristus sementara yang lainnya tidak menunjukkan kemajuan bahkan setelah berdoa berbulan-bulan. Orang-orang yang termasuk dalam kelompok yang kedua harus melihat ke belakang dan menyelidiki iman mereka.

Dengan kejadian yang tercatat di dalam Markus 2:1-12, mari kita telusuri bagaimana si orang lumpuh dan keempat temannya menunjukkan iman mereka, mendorong tangan penyembuhan Tuhan untuk membebaskannya dari penyakitnya dan memuliakan Allah.

Ketika Yesus mengunjungi Kapernaum, berita kedatangannya menyebar dengan cepat dan kerumunan besar orang pun berkumpul. Yesus berkhotbah kepada mereka akan Firman Allah —kebenaran – dan kumpulan orang itu memperhatikan, tidak ingin kehilangan satu kata pun dari Yesus. Pada saat itulah, empat orang datang membawa seorang lumpuh di atas kasur tetapi karena kumpulan orang yang banyak mereka tidak dapat membawa orang lumpuh itu mendekat kepada Yesus.

Walaupun demikian, mereka tidak menyerah. Malahan, mereka pergi ke atap rumah di mana Yesus sedang tinggal, membuka atap di atas Dia, membongkarnya, dan menurunkan kasur di mana si orang lumpuh sedang berbaring. Ketika Yesus melihat iman mereka, Ia berkata kepada orang lumpuh itu, "Anakku, dosamu sudah diampuni...bangunlah, bawalah kasurmu dan pulanglah," dan orang lumpuh itu menerima kesembuhan yang sangat ia inginkan. Ketika ia mengangkat kasurnya dan berjalan di depan mata semua orang, mereka takjub dan memberi kemuliaan bagi Allah.

Orang lumpuh itu telah menderita dari suatu penyakit yang sangat parah sehingga ia tidak dapat bergerak sendiri. Ketika ia mendengar berita tentang Yesus, yang telah mencelikkan mata orang buta, menyembuhkan orang cacat, memulihkan penderita kusta, mengusir setan, dan menyembuhkan banyak penderitaan lain dari berbagai macam penyakit, ia sungguh-sungguh ingin bertemu dengan Yesus. Karena ia memiliki hati yang baik, ketika orang lumpuh itu mendengar berita demikian, Ia merindukan untuk bertemu Yesus begitu ia mengetahui di mana Yesus berada.

Lalu pada suatu hari, orang lumpuh itu mendengar kabar bahwa Yesus telah datang ke Kapernaum. Bisakah Anda membayangkan betapa senangnya ia setelah mendengar berita itu? Ia pasti telah mencari teman-teman yang dapat membantunya, dan teman-temannya itu, yang untungnya memiliki iman mereka sendiri, dengan senang menerima permintaan teman mereka, si orang lumpuh itu. Karena teman-teman si orang lumpuh itu juga telah mendengar kabar tentang Yesus, maka ketika ia dengan sunguh-sungguh meminta mereka untuk membawanya kepada Yesus, mereka menerima.

Jika teman-teman orang lumpuh itu telah menolak permintaannya dan mengoloknya dengan berkata, "Bagaimana bisa kamu percaya hal-hal semacam itu padahal kamu tidak melihatnya sendiri?" mereka tentu tidak akan bersusah payah menolong dia. Namun, karena mereka juga mempunyai iman, mereka bisa membawa teman mereka itu di atas kasur, masing-masing dari mereka mengangkat ujung kasur, dan bahkan bersusah payah membongkar atap rumah.

Ketika mereka melihat kerumunan orang banyak yang berkumpul setelah menempuh perjalanan yang berat, dan tidak dapat menerobos masuk untuk mendekat kepada Yesus, tentu dapat dibayangkan betapa gelisah dan kecewanya mereka, bukan? Mereka pasti telah meminta dan bahkan memohon agar diperbolehkan lewat. Namun, karena begitu banyaknya orang yang berkumpul, mereka tidak melihat jalan untuk menerobos dan menjadi putus asa. Pada akhirnya, mereka memutuskan untuk naik ke atas rumah di mana Yesus tinggal, membongkar atapnya, dan menurunkan teman mereka yang berbaring di kasur ke depan Yesus. Orang lumpuh itu datang dan bertemu Yesus dari jarak terdekat daripada orang-orang lain yang berkumpul. Melalui kisah ini, kita dapat belajar betapa sungguh-sungguhnya orang lumpuh dan teman-temannya merindukan untuk pergi kepada Yesus.

Kita harus memperhatikan fakta bahwa orang lumpuh dan teman-temannya tidak dengan mudah datang ke hadapan Yesus. Fakta bahwa mereka melalui semua kesulitan itu untuk bertemu dengan Yesus hanya setelah mendengar kabar tentang Dia memberi tahu kita bahwa mereka percaya akan berita tentang Yesus dan pesan yang diajarkan-Nya. Juga, dengan mengatasi kesulitan-kesulitan yang nyata, menanggung penderitaan, dan dengan agresif mendekati Yesus, orang lumpuh dan teman-temannya menunjukkan betapa rendah hatinya mereka saat mereka datang ke hadapan-Nya.

Ketika orang-orang melihat orang lumpuh dan teman-temannya itu pergi ke atap dan membongkarnya untuk masuk, kerumunan itu mungkin membentak mereka atau menjadi marah. Mungkin sebuah peristiwa yang bahkan tidak terbayangkan oleh kita terjadi saat itu. Namun, bagi kelima orang ini, tidak ada sesuatu pun atau seorang pun yang akan menghalangi langkah mereka. Begitu nanti mereka bertemu Yesus, orang lumpuh itu akan disembuhkan dan mereka dapat dengan mudah memperbaiki atau mengganti kerusakan atap.

Namun di antara banyak orang yang menderita penyakit parah sekarang, sulit untuk menemukan pasien itu sendiri atau keluarganya yang menunjukkan iman. Bukannya mendekati Yesus dengan agresif, mereka dengan cepat mengatakan, "Saya sangat sakit. Saya mau pergi kepada Yesus tetapi tidak bisa," atau "Si anu dan si anu di keluarga saya sangat lemah sehingga dia tidak bisa bergerak." Sungguh melemahkan hati melihat orang-orang yang begitu pasif yang sepertinya hanya menunggu apel jatuh ke dalam mulut mereka dari pohonnya. Orang-orang ini, dengan kata lain, kurang beriman.

Jika orang-orang mengaku iman mereka dalam Allah, harus ada juga kesungguh-sungguhan yang bisa membuat mereka menunjukkan iman mereka. Karena seseorang tidak dapat mengalami pekerjaan Allah dengan iman yang diterima dan disimpan hanya sebagai pengetahuan saja, ketika ia menunjukkan imannya dalam perbuatanlah maka imannya menjadi iman yang hidup dan pondasi iman untuk menerima iman rohani dari Allah akan dibangun. Karenanya, sama seperti orang lumpuh menerima pekerjaan penyembuhan dari Allah pada pondasi imannya, kita juga harus berhikmat dan menunjukkan kepada-Nya pondasi iman kita – iman itu sendiri – sehingga kita juga, dapat hidup dengan menerima iman rohani pemberian Allah dan mengalami mukjizat-Nya.

Dosamu telah diampuni

Kepada orang lumpuh yang datang ke hadapan Yesus dengan bantuan keempat temannya, Yesus berkata, "Anakku, dosamu telah diampuni," dan menyelesaikan masalah dosa. Karena seseorang tidak dapat menerima jawaban jika ada dinding dosa antara dirinya dengan Allah, maka Yesus terlebih dulu menyelesakan masalah dosa bagi si orang lumpuh, yang telah datang kepada-Nya dengan pondasi iman.

Jika kita sungguh-sungguh menyatakan iman kita dalam Allah, Alkitab mengatakan kepada kita denagn sikap yang bagaimanakah kita harus datang kepada-Nya dan bagaimana kita harus berbuat. Dengan menaati perintah-perintah Allah seperti, "Lakukanlah," "Jangan lakukan", "Peganglah," "Buanglah," dan semacamnya, maka orang yang tidak benar akan berubah menjadi orang yang benar, dan seorang pembohong akan berubah menjadi orang yang tulus dan jujur. Saat kita menaati Firman kebenaran, dosa-dosa kita akan dibasuh oleh darah Tuhan kita, dan ketika kita menerima pengampunan, perlindungan dan jawaban dari Allah akan datang dari atas.

Karena semua penyakit berasal dari dosa, maka begitu masalah dosa diselesaikan, akan tercipta kondisi di mana pekerjaan Allah dapat dimanifestasikan. Sama seperti sebuah bola lampu dinyalakan dan mesin bekerja saat listrik memasuki anoda dan keluar dari katoda, saat Allah melihat pondasi iman seseorang Ia akan menyatakan pengampunan dan memberinya iman dari atas, yang kemudian menghasilkan sebuah mukjizat.

"Bangunlah, angkatlah kasurmu dan pulanglah." Sungguh suatu perkataan yang menghangatkan hati, bukan? Setelah melihat iman si orang lumpuh dan keempat temannya, Yesus menyelesaikan masalah dosa dan orang lumpuh itu segera bisa berjalan. Ia telah menjadi, setelah kerinduannya yang lama, utuh

kembali. Dengan wujud yang sama, jika kita ingin menerima jawaban tidak hanya terhadap penyakit tetapi juga dengan masalah-masalah lain yang kita miliki, kita harus ingat untuk terlebih dahulu menerima pengampunan dan membuat hati kita menjadi bersih.

Saat orang memiliki iman yang kecil, mereka mungkin telah mencari solusi terhadap penyakit mereka dengan mengandalkan pengobatan dan dokter, tetapi setelah iman mereka tumbuh dan mereka mengasihi Allah serta hidup menurut Firman-Nya, penyakit tidak dapat menyerang mereka. Bahkan jika mereka telah jatuh sakit, ketika mereka pertama-tama menyelidiki diri mereka, bertobat dari dasar hati mereka, dan berbalik dari jalan-jalan dosa, maka mereka segera menerima penyembuhan. Saya tahu banyak dari Anda pernah mengalami hal demikian.

Beberapa waktu yang lalu, seorang penatua di gereja saya didiagnosa dengan sendi yang putus dan tiba-tiba ia tidak dapat bergerak. Segera saja, ia menyelidiki kehidupannya, bertobat, dan menerima doa saya. Pekerjaan penyembuhan Allah segera berlangsung di tempat dan ia menjadi sehat kembali.

Ketika putrinya menderita penyakit pyrexia, ibu dari anak itu menyadari bahwa temperamennya yang cepat naik darah telah menjadi akar penderitaan anaknya, dan saat ia bertobat dari hal itu anaknya menjadi sehat kembali.

Untuk dapat menyelamatkan umat manusia yang, karena ketidaktaatan Adam, telah berada di jalan menuju kehancuran, Allah mengirimkan Yesus Kristus ke dunia ini, dan membuatnya dikutuk serta disalibkan pada kayu salib mewakili kita. Itu karena Alkitab berkata, *"Tanpa pertumpahan darah tidak ada pengampunan,"* (Ibrani 9:22) dan *"Terkutuklah orang yang digantung pada kayu salib"* (Galatia 3:13).

Setelah kita mengetahui bahwa masalah penyakit berasal dari dosa, kita harus bertobat dari semua dosa-dosa kita dan percaya dengan sungguh-sungguh dalam Yesus Kristus yang menebus kita dari semua penyakit kita, dan oleh iman itu kita pasti akan menjalani hidup yang sehat. Banyak saudara seiman sekarang yang mengalami kesembuhan, bersaksi akan kuasa Allah, dan menjadi saksi bagi Allah yang hidup. Ini menunjukkan kepada kita bahwa siapa pun yang menerima Yesus Kristus dan meminta dalam nama-Nya, maka semua masalah penyakit dapat dijawab. Tidak masalah seberapa pun parahnya penyakit seseorang, ketika ia percaya dalam hatinya akan Yesus Kristus yang dicambuk dan mencucurkan darah-Nya, pekerjaan penyembuhan Allah yang menakjubkan akan dimanifestasikan.

Iman yang Disempurnakan Oleh Perbuatan

Sama seperti orang lumpuh menerima penyembuhan dengan bantuan keempat temannya setelah mereka menunjukkan iman mereka kepada Yesus, jika kita ingin memperoleh kerinduan-kerinduan hati kita, maka kita juga harus menunjukkan iman kita kepada Allah yang diikuti oleh perbuatan, yang kemudian akan membuat pondasi iman. Untuk dapat membantu pembaca mengerti lebih baik tentang "iman", saya akan memberikan penjelasan singkat.

Dalam kehidupan seseorang di dalam Kristus, "iman" dapat dibagi dan dijelaskan dalam dua kategori. "Iman kedagingan" atau "iman sebagai pengetahuan" merujuk kepada jenis iman yang dengannya seseorang dapat percaya karena bukti fisik dan Firman sesuai dengan pengetahuan dan pemikirannya. Sebaliknya, "iman rohani" adalah jenis iman yang dengannya seseorang dapat percaya bahkan walaupun ia tidak dapat melihat bukti dan Firman tidak sesuai dengan pengetahuan dan pemikirannya.

Dengan "iman kedagingan," seseorang percaya bahwa sesuatu yang kelihatan telah diciptakan hanya dari sesuatu yang lain yang juga kelihatan. Dengan "iman rohani" yang tidak dapat dimiliki seseorang jika ia mengandalkan pemikiran dan pengetahuannya sendiri, seseorang percaya bahwa sesuatu yang kelihatan dapat diciptakan dari sesuatu yang lain yang tidak kelihatan. Iman yang kedua memerlukan penghancuran pengetahuan dan pemikiran seseorang.

Sejak lahir, tidak terhitung banyaknya pengetahuan yang tersimpan di dalam otak masing-masing orang. Hal-hal yang ia lihat dan dengar semuanya tersimpan. Hal-hal yang ia pelajari di rumah dan sekolah disimpan. Hala-hal yang pelajari di berbagai lingkungan dan keadaan juga disimpan. Namun, karena tidak semua pengetahuan yang tersimpan itu adalah benar, jika ada yang bertentangan dengan Firman Allah, maka kita harus secara alami membuang pengetahuan itu. Misalnya, di sekolah seseorang belajar bahwa setiap makhluk hidup merupakan pecahan atau berkembang dari sebuah atom tunggal menjadi organisme banyak sel, namun dalam Alkitab ia belajar bahwa semua makhluk hidup diciptakan menurut jenisnya oleh Allah. Apa yang seharusnya ia lakukan? Kekeliruan dari teori evolusi telah diungkapkan bahkan oleh ilmu pengetahuan, waktu dan berkali-kali. Bagaimana mungkin, bahkan dengan logika manusia, seekor kera berubah menjadi manusia dan seekor katak berubah menjadi burung dalam kurun waktu ratusan juta tahun? Bahkan logika pun mendukung penciptaan.

Demikian juga, ketika "iman kedagingan" berubah menjadi "iman rohani", saat keraguan anda dibuang, anda akan dapat berdiri di atas batu karang iman. Sebagai tambahan, jika Anda mengaku iman Anda dalam Allah, Anda harus membuat Firman yang telah Anda simpan sebagai pengetahuan menjadi perbuatan. Jika Anda menyatakan percaya kepada Allah, Anda harus menunjukkan diri Anda sebagai terang dengan menjaga kekudusan Hari Tuhan, mengasihi tetangga Anda, dan menaati Firman kebenaran.

Jika orang lumpuh di dalam Markus 2 tetap tinggal di rumah, ia tidak akan disembuhkan. Namun, karena ia percaya bahwa ia akan disembuhkan begitu datang kepada Yesus, dan menunjukkan imannya dengan menerapkan dan menggunakan setiap cara yang ada, orang lumpuh itu menerima penyembuhan.

Bahkan jika seseorang hendak membangun sebuah rumah hanya berdoa, "Tuhan, aku percaya bahwa rumah itu akan dibangun," seratus atau seribu doa tidak akan membuat rumah itu dibangun sendiri. Ia harus melakukan pekerjaan bagiannya dengan menyiapkan pondasi, menggali tanah, menaruh tiang-tiang, dan lainnya; pendeknya, diperlukan "perbuatan".

Jika Anda atau seseorang di dalam keluarga Anda menderita dari suatu penyakit, percayalah bahwa Allah akan memberikan pengampunan dan memanifestasikan pekerjaan penyembuhan ketika Ia melihat setiap orang di dalam keluarga Anda bersatu dalam kasih, kesatuan yang akan dianggap Allah sebagai pondasi iman. Sebagian orang berkata bahwa karena untuk segala hal ada waktunya, akan ada pula waktunya untuk sembuh. Namun, ingatlah bahwa "waktunya" adalah ketika seseorang menetapkan pondasi iman di hadapan Allah.

Semoga Anda menerima jawaban terhadap penyakit Anda sama seperti hal-hal lain yang Anda minta, dan memberi kemuliaan bagi Allah, dalam nama Tuhan kita saya berdoa!

Bab 5

Kuasa untuk Menyembuhkan
Segala Kelemahan

Matius 10:1

Yesus memanggil kedua belas murid-Nya dan memberi kuasa kepada mereka untuk mengusir roh-roh jahat dan untuk melenyapkan segala penyakit dan segala kelemahan.

Kuasa untuk Menyembuhkan Segala Penyakit dan Segala Kelemahan

Ada banyak cara untuk membuktikan Allah Yang Hidup kepada orang-orang yang tidak percaya, dan menyembuhkan penyakit adalah salah satu caranya. Ketika orang menderita dari penyakit parah dan tidak tersembuhkan, yang terhadapnya ilmu pengetahuan kedokteran menjadi sia-sia saja, menerima kesembuhan dari Allah, mereka tidak akan lagi dapat menyangkal kuasa Allah Sang Pencipta melainkan akan menjadi percaya akan kuasa dan memuliakan Dia.

Walaupun mereka kaya, berkuasa, terkenal, dan memiliki banyak pengetahuan, banyak orang sekarang yang tidak dapat mengatasi masalah penyakit dan terbenam dalam penderitaannya. Walaupun banyak penyakit yang tidak dapat disembuhkan bahkan dengan ilmu pengetahuan yang paling canggih, saat orang percaya dalam Allah Yang Mahakusa, mengandalkan Dia, dan menyerahkan kepada-Nya masalah penyakit itu, maka semua penyakit parah dan yang tidak dapat disembuhkan akan menjadi sembuh. Allah kita adalah Allah yang *omnipotent* (Mahakuasa), yang bagi-Nya tiada yang mustahil, dan yang dapat menciptakan sesuatu dari ketiadaan, mengeluarkan tunas dan kuntum (Bilangan 17:8), dan membangkitkan orang mati (Yohanes 11:17-44).

Kuasa Allah dapat menyembuhkan sakit-penyakit apa saja. Di dalam Matius 4:23 kita menemukan, *"Yesuspun berkeliling di seluruh Galilea; Ia mengajar dalam rumah-rumah ibadat dan memberitakan Injil Kerajaan Allah serta melenyapkan segala penyakit dan kelemahan di antara bangsa itu,"* dan di dalam Matius 8:17, kita membaca bahwa, *"Hal itu terjadi supaya genaplah firman yang disampaikan oleh nabi Yesaya: 'Dialah yang memikul kelemahan kita dan menanggung penyakit kita.'"* Di dalam ayat-ayat ini, "penyakit", "sakit" dan kelemahan ada tertulis.

Di sini, "kelemahan" bukan merujuk kepada keadaan penyakit yang ringan seperti flu atau penyakit akibat kelelahan. Hal itu adalah kondisi ketidaknormalan di mana fungsi dari tubuh seseorang, bagian tubuh atau organnya menjadi lumpuh atau rusak karena kecelakaan atau kesalahan orangtuanya maupun kesalahannya sendiri. Misalnya, orang yang bisu, tuli, buta, lumpuh, menderita kelumpuhan sejak bayi (atau dikenal juga sebagai polio), dan seterusnya -- semua yang tidak dapat disembuhkan oleh pengetahuan manusia – semua itu dapat digolongkan sebagai kelemahan. Sebagai tambahan terhadap kondisi yang disebabkan oleh kecelakaan atau kesalahan orangtuanya atau dirinya sendiri, sama seperti orang buta yang ada di dalam Yohanes 9:1-3, ada juga orang-orang yang menderita kelemahan supaya kemuliaan Allah dapat dinyatakan. Namun, kasus seperti itu sangat jarang terjadi karena sebagian besar diakibatkan oleh kebodohan dan kesalahan manusia.

Saat orang bertobat dan menerima Yesus Kristus ketika mereka mencari Allah, Ia memberikan Roh Kudus sebagai hadiah kepada mereka. Bersama dengan Roh Kudus mereka juga menerima hak untuk menjadi anak-anak Allah. Ketika Roh Kudus bersama mereka, kecuali dalam kasus yang sangat parah dan serius, kebanyakan penyakit disembuhkan. Fakta bahwa mereka telah menerima Roh Kudus saja membuat api Roh Kudus turun atas mereka dan membakar luka-luka mereka. Terlebih lagi, bahkan jika seseorang menderita penyakit parah, ketika ia sungguh-sungguh berdoa dalam iman, menghancurkan dinding dosa antara dirinya dan Allah, berbalik dari jalan-jalan dosa, dan bertobat, ia akan menerima penyembuhan menurut imannya.

"Api Roh Kudus" merujuk kepada baptisan api yang yang berlangsung setelah seseorang menerima Roh Kudus, dan dalam pandangan Allah adalah kuasa-Nya. Ketika mata rohani Yohanes Pembaptis terbuka dan melihat, ia menggambarkan api Roh Kudus sebagai "baptisan api" Dalam Matius 3:11, Yohanes Pembaptis berkata, *"Aku membaptis kamu dengan air sebagai tanda pertobatan, tetapi Ia yang datang kemudian dari padaku lebih berkuasa dari padaku dan aku tidak layak melepaskan kasut-Nya. Ia akan membaptiskan kamu dengan Roh Kudus dan dengan api."* Baptisan api tidak datang kapan saja tetapi hanya ketika seseorang dipenuhi dengan Roh Kudus. Karena api Roh Kudus selalu turun atas orang yang dipenuhi Roh Kudus, semua dosa dan penyakitnya akan dibakar dan ia akan memiliki hidup yang sehat.

Ketika baptisan api membakar kutuk dosa, sebagian besar

penyakit disembuhkan; namun kelemahan tidak dapat dibakar bahkan oleh baptisan api. Lalu, bagaimana kelemahan dapat disembuhkan?

Semua kelemahan dapat disembuhkan hanya dengan kuasa yang diberikan Allah. Karena itulah kita menemukan di dalam Yohanes 9:32-33, *"Dari dahulu sampai sekarang tidak pernah terdengar, bahwa ada orang yang memelekkan mata orang yang lahir buta. Jikalau orang itu tidak datang dari Allah, Ia tidak dapat berbuat apa-apa."*

Dalam Kisah Para Rasul 3:1-10 ada adegan di mana Petrus dan Yohanes, yang keduanya telah menerima kuasa Allah, menolong seorang laki-laki yang lumpuh sejak lahir, mengemis di pintu gerbang bait Allah yang di sebut "Pintu Gerbang Indah" untuk bangun berdiri. Tetapi Petrus berkata kepadanya di ayat 6, *"Emas dan perak tidak ada padaku, tetapi apa yang aku punyai, kuberikan kepadamu: Demi nama Yesus Kristus, orang Nazaret itu, berjalanlah!"* Lalu ia memegang tangan kanan orang itu dan membantu dia berdiri. Seketika itu juga kuatlah kaki dan mata kaki orang itu dan ia mulai memuji Allah. Ketika orang-orang melihat laki-laki yang sebelumnya lumpuh itu berjalan dan memuji Allah, mereka takjub dan tercengang tentang apa yang telah terjadi kepadanya.

Jika seseorang ingin menerima kesembuhan, ia harus memiliki iman yang membuatnya dapat percaya dalam Yesus Kristus. Walaupun orang lumpuh itu hanya seorang pengemis, karena ia percaya dalam Yesus Kristus ia dapat menerima kesembuhan saat orang-orang yang telah menerima kuasa Allah berdoa untuknya. Karena itulah Alkitab berkata kepada kita, *"Dan karena kepercayaan dalam Nama Yesus, maka Nama itu telah menguatkan orang yang kamu lihat dan kamu kenal ini; dan kepercayaan itu telah memberi kesembuhan kepada orang ini di depan kamu semua"* (Kisah Para Rasul 3:16).

Di dalam Matius 10:1, kita mengetahui bahwa Yesus memberikan kepada murid-murid-Nya kuasa terhadap roh-roh yang tidak bersih, untuk mengusirnya, dan untuk menyembuhkan semua sakit dan penyakit. Di masa Perjanjian Lama, Allah memberikan kuasa untuk menyembuhkan kelemahan kepada para nabi terkasih-Nya termasuk Musa, Elia, dan Elisa; di masa Perjanjian Baru, kuasa Allah ada bersama Petrus dan Paulus dan para pekerja yang setia Stefanus dan Filipus.

Begitu seseorang menerima kuasa Allah, tidak ada yang mustahil karena ia dapat membangunkan orang lumpuh, menyembuhkan orang yang terkena penyakit polio dan membuat mereka dapat berjalan, membuat orang buta dapat melihat, membuka telinga orang tuli, dan melonggarkan lidah orang yang bisu-tuli.

Berbagai Cara untuk Menyembuhkan Kelemahan

1. Kuasa Allah Menyembuhkan Orang yang Bisu dan Tuli

Di dalam Markus 7:31-37 ada sebuah adegan di mana kuasa Allah menyembuhkan seorang laki-laki yang bisu dan tuli. Ketika orang-orang membawa dia kepada Yesus dan memohon kepada-Nya untuk meletakkan tangan-Nya pada orang tersebut, Yesus membawa orang itu ke pinggir dan menaruh jari-Nya ke telinganya. Lalu Ia meludah dan menyentuh lidah orang bisu-tuli itu. Yesus memandang ke langit dan dengan menghela nafas dalam berkata kepadanya, "Efata! (yang berarti: 'Sembuhlah!')". Seketika telinga orang itu terbuka, lidahnya menjadi ringan dan ia mulai berbicara dengan jelas.

Tidak dapatkah Allah, yang telah menciptakan segala sesuatu di dunia ini dengan Firman-Nya, menyembuhkan orang itu dengan Firman-Nya juga? Mengapa Yesus menaruh jari-Nya ke telinga orang itu? Karena orang tuli tidak bisa mendengar suara dan berkomunikasi dengan bahasa isyarat, laki-laki ini tidak akan memiliki iman seperti orang lain walaupun Yesus telah berbicara dengan suara keras. Karena Yesus tahu bahwa orang itu kurang beriman, Ia menaruh jari-Nya ke telinga orang tuli itu sehingga melalui sentuhan jari, ia akan dapat memliki iman yang dengannya ia bisa disembuhkan. Unsur yang paling penting adalah iman yang dengannya seseorang percaya bahwa ia dapat disembuhkan. Yesus dapat saja menyembuhkan orang itu dengan Firman-Nya tetapi karena orang itu tidak dapat mendengar, Yesus menanamkan iman dan membuat orang itu menerima penyembuhan dengan menerapkan cara seperti itu.

Lalu, mengapa Yesus meludah dan menyentuh lidah orang

itu? Fakta bahwa Yesus meludah memberi tahu kita bahwa roh jahat telah menyebabkan orang itu menjadi bisu. Jika seseorang meludah di wajah Anda tanpa ada alasan, bagaimana Anda akan menerimanya? Ini adalah tindakan penghinaan dan tidak bermoral yang merendahkan karakter seseorang. Karena meludah secara umum melambangkan rasa tidak hormat dan merendahkan orang lain, Yesus meludah untuk mengusir roh jahat itu.

Di dalam Kitab Kejadian, kita menemukan bahwa Allah mengutuk ular untuk memakan debu sepanjang hidupnya. Ini, dengan kata lain, merujuk pada kutukan Allah kepada si musuh Iblis dan Setan, yang telah menghasut ular, untuk memangsa manusia yang terbuat dari debu tanah. Karenanya, sejak masa Adam si musuh iblis telah berusaha untuk memangsa manusia dan mencari setiap kesempatan untuk menyiksa dan memakan manusia. Sama seperti lalat, nyamuk, dan belatung mendiami tempat-tempat kotor, si musuh iblis mendiami orang-orang yang hatinya dipenuhi dosa, kejahatan, dan cepat marah serta menawan pikiran mereka. Kita harus menyadari bahwa hanya orang-orang yang hidup dan berbuat menurut Firman Allah dapat disembuhkan dari penyakit mereka.

2. Kuasa Allah Menyembuhkan Orang yang Buta

Dalam Markus 8:22-25, kita menemukan yang berikut ini:

Kemudian tibalah Yesus dan murid-murid-Nya di Betsaida. Di situ orang membawa kepada Yesus seorang buta dan mereka memohon kepada-Nya, supaya Ia menjamah dia. Yesus memegang tangan orang buta itu dan membawa dia ke luar kampung. Lalu Ia meludahi mata orang itu dan meletakkan tangan-Nya atasnya, dan bertanya: "Sudahkah kaulihat sesuatu?" Orang itu memandang ke depan, lalu berkata: "Aku melihat orang, sebab melihat mereka berjalan-jalan, tetapi tampaknya seperti pohon-pohon." Yesus meletakkan lagi tangan-Nya pada mata orang itu, maka orang itu sungguh-sungguh melihat dan telah sembuh, sehingga ia dapat melihat segala sesuatu dengan jelas.

Ketika Yesus berdoa bagi orang buta ini, Ia meludahi matanya. Lalu mengapa orang buta ini tidak dapat melihat saat pertama kali Yesus berdoa untuknya tetapi baru saat Yesus berdoa kedua kalinya? Oleh kuasa-Nya, Yesus dapat saja menyembuhkan orang itu sepenuhnya tetapi karena iman orang buta itu masih kecil, Yesus berdoa untuk kedua kalinya dan menolongnya untuk memiliki iman. Melalui hal ini, Yesus mengajar kita bahwa ketika ada orang yang tidak dapat menerima penyembuhan saat pertama didoakan, kita harus nerdoa untuk orang seperti itu dua, tiga atau bahkan empat kali sampai benih iman, yang dengannya mereka dapat menjadi percaya dalam penyembuhannya, dapat ditanamkan.

Yesus yang bagi-Nya tiada yang mustahil berdoa dan berdoa lagi ketika Ia tahu bahwa orang buta itu tidak dapat disembuhkan oleh imannya sendiri. Apa yang seharusnya kita lakukan? Dengan lebih banyak memohon dan berdoa, kita harus bergumul sampai kita menerima penyembuhan.

Dalam Yohanes 9:6-9 seorang laki-laki yang buta sejak lahir menerima penyembuhan setelah Yesus meludah ke tanah, mengaduk ludah-Nya dengan tanah dan menaruh adukan itu ke mata si orang buta. Mengapa Yesus menyembuhkan dia dengan meludah ke tanah, mengaduk ludah-Nya dengan tanah dan menaruhnya di mata laki-laki buta itu? Ludah ini tidak merujuk pada sesuatu yang kotor; Yesus meludah ke tanah supaya Ia dapat membuat adukan lumpur dengan ludahnya dan menaruhnya ke mata orang buta tersebut. Yesus membuat lumpur dengan ludah-Nya juga karena air di sana jarang. Seandainya ada bisul atau bengkak atau gigitan serangga pada anaknya, orangtua kadang-kadang menaruh air ludah mereka sendiri dengan penuh kasih sayang. Kita harus memahami kasih Tuhan kita yang menggunakan beragam cara dan alat untuk membantu orang yang lemah untuk memiliki iman.

Saat Yesus menaruh adukan tanah itu pada mata orang buta itu, ia merasakan sensasi dari lumpur itu pada matanya dan memiliki iman yang membuatnya dapat disembuhkan. Setelah Yesus memberi iman kepada orang buta yang imannya sendiri kecil itu, oleh kuasa-Nya Ia membuka mata orang buta tersebut.

Yesus mengatakan kepada kita bahwa, "Jika kamu tidak

melihat tanda dan mukjizat, kamu tidak percaya" (Yohanes 4:48). Sekarang, adalah mustahil untuk menolong orang untuk memiliki iman sedemikian yang dengannya seseorang dapat percaya hanya dengan Firman di dalam Alkitab, tanpa menyaksikan sendiri mukjizat pernyembuhan dan keajaiban. Di dalam masa di mana ilmu pengetahuan dan pengetahuan manusia telah sedemikian maju, sangatlah sulit untuk memiliki iman rohani untuk percaya kepada Allah yang tidak kelihatan. "Melihat berarti percaya," kita sering mendengar ungkapan seperti itu. Demikian juga, karena iman seseorang akan tumbuh dan pekerjaan penyembuhan akan terjadi dengan lebih cepat saat mereka melihat bukti-bukti nyata akan Allah yang hidup, maka "tanda-tanda mukjizat dan keajaiban" sangatlah diperlukan.

3. Kuasa Allah Menyembuhkan Orang yang Lumpuh

Karena Yesus telah mengkhotbahkan tentang Kabar Baik dan menyembuhkan penderitaan orang-orang dari berbagai bentuk sakit dan penyakit, murid-murid-Nya juga memanifestasikan kuasa Allah.

Ketika Petrus memerintahkan pengemis lumpuh, "Demi nama Yesus Kristus, orang Nazaret itu, berjalanlah" lalu ia memegang tangan kanan orang itu dan membantu dia berdiri. Seketika itu juga kuatlah kaki dan mata kaki orang itu dan ia mulai berjalan (Kisah Para Rasul 3:6-10). Saat orang melihat tanda-tanda mukjizat dan keajaiban yang dimanifestasikan oleh Petrus setelah menerima kuasa Allah, semakin banyak orang yang menjadi percaya dalam Tuhan. Mereka bahkan membawa orang sakit ke jalan-jalan dan membaringkan mereka di tempat tidur dan kasur supaya setidaknya bayangan Petrus dapat jatuh pada sebagian dari mereka saat ia lewat. Banyak orang berkumpul juga dari berbagai kota di sekitar Yerusalem, membawa orang-orang sakit dan mereka yang disiksa oleh roh jahat, dan mereka semua disembuhkan (Kisah Para Rasul 5:14-16).

Dalam Kisah Para Rasul kita menemukan, *"Dan Filipus pergi ke suatu kota di Samaria dan memberitakan Mesias kepada orang-orang di situ. Ketika orang banyak itu mendengar pemberitaan Filipus dan melihat tanda-tanda yang diadakannya, mereka semua dengan bulat hati menerima apa yang diberitakannya itu. Sebab dari banyak orang yang kerasukan roh jahat keluarlah roh-roh itu sambil berseru dengan suara keras, dan banyak juga orang lumpuh dan orang timpang yang disembuhkan. Maka sangatlah besar sukacita dalam kota itu"* (Kisah Para Rasul 8:5-8).

Di dalam Kisah Para Rasul 14:8-12, kita membaca tentang seorang laki-laki yang lumpuh kakinya, yang cacat sejak lahir dan tidak pernah berjalan. Setelah ia mendengarkan khotbah Paulus dan menjadi memiliki iman yang membuat dia dapat menerima keselamatan, saat Paulus memerintahkan, "Berdirilah!" segera saja laki-laki itu melompat berdiri dan mulai berjalan. Orang-orang yang telah menyaksikan peristiwa ini menganggap bahwa "Dewa-dewa telah turun di antara kita dalam wujud manusia!"

Dalam Kisah Para Rasul 19:11-12 kita melihat bahwa, *"Oleh Paulus Allah mengadakan mujizat-mujizat yang luar biasa, bahkan orang membawa saputangan atau kain yang pernah dipakai oleh Paulus dan meletakkannya atas orang-orang sakit, maka lenyaplah penyakit mereka dan keluarlah roh-roh jahat."* Betapa menakjubkan dan indah bukan, kuasa Allah itu?

Melalui orang-orang yang hatinya telah memperoleh pengudusan dan kasih yang penuh seperti Petrus, Paulus dan Diaken Filipus serta Stefanus, kuasa Allah dimanifestasikan bahkan sampai hari ini. Saat orang-orang datang ke hadapan Allah dengan iman dan berharap kelemahan mereka disembuhkan, mereka dapat sembuh dengan menerima doa dari hamba Allah yang melalui dia Allah akan bekerja.

Sejak pendirian Gereja Manmin, Allah yang hidup telah membuat saya memanifestasikan berbagai tanda-tanda mukjizat dan keajaiban, menanamkan iman ke dalam hati para anggota jemaat, dan membawa kebangunan rohani besar.

Suatu kali ada seorang perempuan yang telah menjadi korban kekerasan suaminya yang pecandu alkohol. Saat syaraf optiknya menjadi lumpuh dan dokter-dokter telah putus harapan akibat siksaan fisik yang berat, perempuan itu datang ke Manmin setelah mendengar kabar itu. Karena dia dengan tekun turut serta dalam kebaktian-kebaktian penyembahan dan berdoa dengan sungguh-sungguh untuk kesembuhan, ia menerima doa saya dan kemudian dapat melihat kembali. Kuasa Allah telah memperbaiki sepenuhnya syaraf-syaraf optik yang sebelumnya kelihatan rusak permanen.

Pada kesempatan yang lain, ada seorang laki-laki yang telah menderita luka parah di mana tulang belakangnya remuk di delapan bagian. Saat bagian bawah tubuhnya sudah menjadi lumpuh, ia berada dalam situasi di mana kedua kakinya hampir diamputasi. Setelah menerima Yesus Kristus, ia dapat menghindari amputasi tetapi tetap harus berjalan dengan tongkat penyangga. Ia kemudian mulai menghadiri kebaktian Pusat Doa Manmin Pusat dan tidak lama kemudian selama Kebaktian Penyembahan Jumat-Semalaman, setelah menerima doa saya orang itu membuang tongkat penyangganya, berjalan di atas kedua kakinya, dan sejak itu telah menjadi utusan Injil.

Kuasa Allah dapat sepenuhnya menyembuhkan kelemahan yang tidak dapat disembuhkan oleh ilmu pengetahuan kedokteran. Di dalam Yohanes 16:23, Yesus menjanjikan kepada kita, *"Dan pada hari itu kamu tidak akan menanyakan apa-apa kepada-Ku. Aku berkata kepadamu: Sesungguhnya segala sesuatu yang kamu minta kepada Bapa, akan diberikan-Nya kepadamu dalam nama-Ku."*

Semoga Anda percaya dalam kuasa ajaib Allah, sungguh-sungguh mencarinya, menerima jawaban untuk semua masalah penyakit Anda, dan menjadi seorang utusan yang membawa Kabar Baik dari Allah yang hidup dan mahakuasa, dalam nama Tuhan kita saya berdoa!

Bab 6

Cara-cara untuk Menyembuhkan Kerasukan-Setan

Markus 9:28-29

Ketika Yesus sudah dirumah, dan murid-murid-Nya sendirian dengan Dia, bertanyalah mereka: "Mengapa kami tidak dapat mengusir roh itu?" Jawab-Nya kepada mereka: "Jenis ini tidak dapat diusir kecuali dengan berdoa".

Pada Hari-Hari Terakhir Kasih Akan Menjadi Dingin

Kemajuan peradaban ilmu pengetahuan modern dan perkembangan industri telah membawa kemakmuran materi dan memungkinkan orang-orang untuk mengejar kenyamanan dan keuntungan lebih yang lebih baik. Pada saat yang sama, kedua faktor ini telah mengakibatkan keterasingan, keegoisan yang semakin tinggi, pengkhianatan, dan sebuah rasa rendah yang kompleks di antara masyarakat, kasih semakin berkurang sementara pengertian dan pengampunan sangat susah ditemukan.

Sebagaimana telah diperkirakan dalam Matius 24:12, *"Dan karena makin banyaknya kedurhakaan, maka kasih kebanyakan orang akan menjadi dingin,"* pada waktu ketika kejahatan semakin berkembang dan kasih menjadi dingin, salah satu masalah yang sangat serius dalam masyarakat kita hari ini adalah meningkatnya jumlah orang yang menderita gangguan mental seperti gangguan syaraf dan skizofrenia.

Institusi mental telah mengisolasi begitu banyak pasien yang tidak dapat menjalani hidup normal namun mereka belum dapat menemukan pengobatan yang layak. Jika tidak ada kemajuan setelah beberapa tahun pengobatan, keluarga-keluarga menjadi khawatir dan dalam beberapa kasus mengabaikan dan meninggalkan pasien-pasien tersebut seperti anak-anak yatim piatu. Pasien-pasien ini, ditinggalkan sendiri dan tanpa keluarga, tidak mampu berfungsi sebagaimana halnya orang normal.

Meskipun mereka membutuhkan kasih yang sejati dari orang-orang terkasih mereka, tidak banyak orang yang menunjukkan kasihnya kepada individu seperti ini.

Kita menemukan dalam Alkitab banyak contoh di mana Yesus menyembuhkan orang-orang yang dirasuki roh-roh jahat. Mengapa mereka dicatat dalam Kitab Suci? Dengan semakin dekatnya akhir zaman, kasih menjadi dingin dan Setan menyiksa orang-orang, membuat mereka menderita kelainan jiwa, dan mengadopsi mereka sebagai anak-anak iblis. Setan menyiksa, membuat sakit, membuat bingung, dan mencemari pikiran manusia dengan dosa dan pikiran jahat. Karena masyarakat berkubang dalam dosa dan kejahatan, orang-orang menjadi cepat untuk cemburu, bertengkar, membenci, dan membunuh satu sama lain. Dengan semakin dekatnya hari-hari terakhir, Orang-orang Kristen harus mampu untuk membedakan kebenaran dari ketidakbenaran, menjaga iman mereka, dan menjalani kehidupan yang sehat secara fisik dan mental.

Mari kita memeriksa penyebab dibalik hasutan dan penyiksaan Setan, sebagaimana dengan meningkatnya jumlah orang yang dirasuki oleh Setan dan roh-roh jahat dan menderita karena kelainan mental dalam masyarakat modern di mana peradaban ilmu pengetahuan telah menjadi sangat maju.

Proses Menjadi Kerasukan Oleh Setan

Setiap orang memiliki akal sehat dan sebagian besar orang

bertingkah laku dan hidup menurut akal sehat mereka, namun setiap standar kesadaran setiap individu dan hasil dari pelaksanaannya berbeda antara satu orang dengan orang lainnya. Hal ini dikarenakan masing-masing orang telah dilahirkan dan dididik dalam lngkungan dan kondisi yang berbeda, telah melihat, mendengar, dan mempelajari berbagai hal yang berbeda dari orangtua, rumah, dan sekolah, dan telah mendapatkan informasi yang berbeda.

Di lain pihak, Firman Allah, yang adalah kebenaran, memberitahukan kita, *"Janganlah kamu kalah oleh kejahatan, tetapi kalahkanlah kejahatan dengan kebaikan"* (Roma 12:21), dan memerintahkan kita, *"Janganlah kamu melawan orang yang berbuat jahat kepadamu, melainkan siapa pun yang menampar pipi kananmu, berilah juga kepadanya pipi kirimu"* (Matius 5:39). Karena Firman mengajarkan kasih dan pengampunan, sebuah standar penghakiman "Mengalah untuk menang" berkembang dalam mereka yang mempercayainya. Di lain pihak, jika seseorang telah belajar bahwa dia harus membalas dendam ketika dia diserang, dia akan sampai pada sebuah penghakiman yang akan menyatakan bahwa perlawanan adalah sebuah tindakan berani sementara menghindar tanpa perlawanan adalah tindakan pengecut. Tiga faktor – standar penghakiman masing-masing orang, apakah seseorang telah menjalani sebuah kehidupan yang benar atau tidak benar, dan seberapa besar dia telah berkompromi dengan dunia - akan membentuk kesadaran yang berbeda pada orang yang berbeda.

Karena orang yang telah menjalani kehidupan mereka secara berbeda dan kesadaran mereka pun kemudian akan berbeda, musuh Allah yaitu Setan menggunakan hal ini untuk mencobai orang untuk hidup menurut kecenderungan, bertolak belakang dengan kebenaran dan kebaikan, dengan mengendalikan pikiran-pikiran jahat dan menghasut mereka untuk berdosa.

Di dalam hati manusia terdapat sebuah konflik antara keinginan dari Roh Kudus yang mengajak mereka untuk hidup sesuai dengan hukum Allah, dan keinginan dari kecenderungan dosa mereka yang memaksa untuk mengejar keinginan daging. Itulah mengapa Allah mendorong kita dalam Galatia 5:15-17, *"Maksudku ialah: hiduplah oleh Roh, maka kamu tidak akan menuruti keinginan daging. Sebab keinginan daging berlawanan dengan keinginan Roh dan keinginan Roh berlawanan dengan keinginan daging; karena keduanya bertentangan, sehingga kamu setiap kali tidak melakukan apa yang kamu kehendaki."*

Jika kita hidup mengikuti keinginan Roh Kudus kita akan mewarisi kerajaan Allah; jika kita mengikuti keinginan dari kecenderungan dosa dan tidak hidup oleh Firman Allah, kita tidak akan mewarisi kerajaan-Nya. Itulah mengapa Allah memperingatkan kita seperti yang tercantum dalam Galatia 5:19-21:

Perbuatan daging telah nyata, yaitu: Percabulan, kecemaran, hawa nafsu, penyembahan berhala, sihir, perseteruan, perselisihan, iri hati, amarah, kepentingan diri sendiri, percideraan, roh pemecah, kedengkian, kemabukan, pesta pora dan sebagainya, terhadap semuanya itu kuperingatkan kamu, seperti yang telah kubuat dahulu, bahwa barangsiapa melakukan hal-hal yang demikian, ia tidak akan mendapat bagian dalam Kerajaan Allah.

Lalu, bagaimana manusia bisa dirasuki oleh roh jahat?

Melalui pikiran-pikiran seseorang, Setan mengendalikan keinginan dari kecenderungan dosa dalam diri seseorang yang hatinya dipenuhi dengan kecenderungan dosa itu. Jika dia tidak dapat mengendalikan pikirannya dan melakukan tindakan-tindakan kecenderungan dosa, sebuah rasa bersalah akan masuk dan hatinya akan bertumbuh semakin jahat. Ketika tindakan kecenderungan dosa bertambah, pada akhirnya orang tersebut akan tidak dapat mengontrol dirinya sendiri dan malah melakukan apapun yang dihasutkan Setan padanya. orang seperti ini dikatakan telah "dirasuki" oleh Setan.

Sebagai contoh, mari kita asumsikan ada seorang laki-laki pemalas yang tidak mau bekerja, tetapi malah menyukai minum minuman keras dan membuang waktunya. Terhadap orang semacam ini, Setan akan menghasut dan mengendalikan pikirannya sehingga dia akan tetap minum minuman keras dan membuang waktunya dan merasa bahwa bekerja itu merupakan sesuatu yang membebani. Setan juga akan menarik dia menjauh dari kebaikan yaitu kebenaran, merampas energinya untuk mengembangkan hidupnya, dan mengubahnya menjadi orang yang tidak kompeten dan tidak berguna.

Ketika dia hidup dan bertingkah laku sesuai dengan pemikiran Setan, laki-laki tersebut tidak dapat lepas dari Setan. Lebih lagi, ketika hatinya bertumbuh semakin jahat dan dia telah menyerahkan dirinya sepenuhnya kepada pemikiran jahat, bukannya mengendalikan hatinya dia malah akan melakukan apapun yang menyenangkan dirinya. Jika dia ingin marah, dia akan marah sampai dia puas; jika dia ingin untuk bertengkar atau berdebat, dia akan bertengkar dan berdebat sebanyak yang dia suka; dan jika dia ingin minum minuman keras, dia tidak akan dapat mencegah dirinya sendiri untuk minum minuman keras. Ketika hal ini terakumulasi, dari sebuah titik tertentu dia tidak akan dapat mengendalikan pikiran dan hatinya dan mendapati bahwa semuanya bertentangan dengan kehendaknya. Setelah proses ini, dia menjadi dirasuki oleh roh-roh jahat.

Penyebab kerasukan-setan

Ada dua alasan utama bagi seseorang untuk dihasut oleh Setan dan kemudian dirasuki oleh roh jahat.

1. Orangtua

Jika orangtua telah meninggalkan Allah, menyembah berhala-

berhala yang Allah benci dan tidak sukai, atau melakukan sesuatu yang sangat jahat, kemudian kekuatan roh jahat akan memasuki anak-anak mereka dan jika dibiarkan, mereka akan dirasuki oleh roh jahat. Dalam kasus seperti ini, para orangtua harus datang kepada Allah, bertobat sungguh-sungguh atas dosa-dosa mereka, berbalik dari jalan-jalan mereka yang berdosa, dan memohon dengan sangat kepada Allah atas nama anak-anak mereka. Allah kemudian akan melihat pusat hati dari para orangtua dan memanifestasikan pekerjaan penyembuhan, dengan demikian melepaskan rantai ketidakadilan.

2. Diri sendiri

Tanpa memperhatikan dosa-dosa para orangtua, seseorang dapat dirasuki roh jahat dikarenakan oleh ketidakbenarannya sendiri, termasuk kejahatan, harga diri dan lainnya. Karena orang tersebut tidak dapat berdoa dan bertobat sendiri, maka ketika dia menerima doa dari seorang pelayan Allah yang memanifestasikan kuasa-Nya, rantai ketidakadilan dapat dilepaskan. Ketika roh jahat diperintahkan keluar dan dia kembali kepada kesadarannya, dia harus diajarkan Firman Allah sehingga hatinya yang sebelumnya bergelimang dosa dan kejahatan akan dibersihkan dan akan menjadi sebuah hati yang dipenuhi kebenaran.

Oleh karena itu, jika seorang anggota keluarga atau kerabat dirasuki oleh roh jahat, keluarganya harus menunjuk seseorang yang akan berdoa atas nama orang tersebut. Hal ini dikarenakan hati dan pikiran dari seseorang yang dirasuki roh jahat sedang dikendalikan oleh roh jahat dan dia tidak dapat melakukan apapun menurut kehendaknya sendiri. Dia tidak dapat berdoa ataupun mendengarkan Firman kebenaran; dia tidak dapat hidup oleh kebenaran. Oleh karena itu, seluruh keluarga atau bahkan hanya satu orang dari keluarganya harus berdoa untuk dia dalam kasih dan belas kasihan sehingga anggota keluarga yang dirasuki roh jahat tersebut sekarang dapat hidup dalam iman. Ketika Allah melihat kesungguhan dan kasih dalam keluarga tersebut, Dia akan memberikan karya penyembuhan. Yesus berkata bahwa kita harus mengasihi sesama kita seperti diri kita sendiri (Lukas 10:27). Jika kita tidak dapat berdoa dan bersungguh-sungguh bagi salah seorang anggota keluarga kita yang dirasuki oleh roh jahat, bagaimana kita dapat dikatakan untuk mengasihi sesama kita?

Ketika keluarga dan teman-teman dari seseorang yang dirasuki roh jahat menetapkan penyebabnya, bertobat, berdoa dalam iman atas kuasa Allah, sungguh-sungguh mengasihi, dan menanamkan benih iman, kemudian kuasa roh jahat akan diusir dan orang yang mereka kasihi akan berubah menjadi seorang manusia kebenaran, yang mana Allah akan lindungi dan jagai dari roh jahat.

Cara-cara untuk Menyembuhkan Orang yang Dirasuki oleh Roh Jahat

Dalam beberapa bagian dalam Alkitab disebutkan

penyembuhan orang-orang yang dirasuki oleh roh jahat. Mari kita pelajari bagaimana mereka menerima penyembuhan.

1. Anda harus memukul mundur kuasa roh jahat.

Dalam Markus 5:1-20 kita menemukan seorang laki-laki yang dirasuki oleh roh jahat. Ayat 3-4 menjelaskan tentang laki-laki tersebut, bunyinya, *"Orang itu diam di pekuburan. Dan tidak ada seorang pun lagi yang sanggup mengikatnya, sekalipun dengan rantai; karena sudah sering ia dibelenggu dan dirantai, tetapi rantainya diputuskannya dan belenggunya dimusnahkannya, sehingga tidak ada seorang pun yang cukup kuat untuk menjinakkannya."* Kita juga belajar dari Markus 5:5-7, bunyinya, *"Siang malam ia berkeliaran di pekuburan dan di bukit-bukit sambil berteriak-teriak dan memukuli dirinya dengan batu. Ketika ia melihat Yesus dari jauh, berlarilah ia mendapatkan-Nya lalu menyembah-Nya; dan dengan keras ia berteriak: 'Apa urusan-Mu dengan aku, hai Yesus, Anak Allah yang Mahatinggi? Demi Allah, jangan siksa aku!'"*

Hal ini merupakan respons terhadap apa yang Yesus perintahkan, "Keluarlah dari orang ini, hai kamu roh jahat!" Kejadian ini memberitahu kita bahwa meskipun orang tidak tahu bahwa Yesus adalah Anak Allah, roh jahat tahu pasti siapa Yesus dan kuasa yang dimiliki-Nya.

Yesus kemudian bertanya, "Siapakah namamu?" dan orang yang kerasukan roh jahat tersebut menjawab, "Namaku Legion, karena kami banyak." Dia juga terus-menerus memohon kepada Yesus untuk tidak mengirim mereka keluar dari daerah tersebut dan kemudian memohon pada-Nya untuk mengirim mereka ke dalam babi-babi. Yesus bertanya namanya bukan karena Dia tidak tahu; Dia menanyakan namanya sebagai seorang hakim sedang menginterogasi roh jahat tersebut. Lagipula, "Legion" berarti bahwa sejumlah besar roh jahat sedang menawan orang tersebut.

Yesus mengijinkan "Legion" tersebut untuk memasuki sekelompok babi-babi, yang kemudian terjun ke dalam danau dan tenggelam. Ketika kita mengusir roh jahat, kita harus melakukannya dengan Firman kebenaran, yang disimbolkan oleh air. Ketika orang-orang melihat laki-laki itu, yang tidak dapat ditahan oleh kuasa manusia, telah disembuhkan total, duduk di sana, berpakaian dan dalam kondisi sadar, mereka menjadi takut.

Bagaimana seharusnya kita mengusir roh jahat hari ini? Mereka harus diusir dalam nama Tuhan Yesus Kristus ke dalam air, yang melambangkan Firman, atau ke dalam api, yang melambangkan Roh Kudus, sehingga kuasa mereka akan hilang. Namun, karena roh jahat adalah makhluk roh, mereka akan diusir ketika seseorang yang memiliki kuasa untuk mengusir roh jahat berdoa. Ketika seseorang yang tidak memiliki iman berusaha mengusir mereka keluar, roh jahat sebaliknya akan meremehkan dan mencemoohnya. Oleh karena itu, untuk menyembuhkan seseorang yang dirasuki oleh roh jahat, seorang manusia Allah yang memiliki kuasa untuk mengusir mereka harus berdoa untuknya.

Namun demikian, terkadang ada juga roh jahat yang tidak dapat diusir meskipun ketika seorang manusia Allah mengusir mereka dalam nama Yesus Kristus. Hal ini disebabkan karena individu yang dirasuki oleh roh jahat tersebut telah mendukakan atau berbicara menentang Roh Kudus (Matius 12:31; Lukas 12:10). Penyembuhan tidak dapat dimanifestasikan kepada beberapa orang yang kerasukan roh jahat ketika mereka terus menerus berdosa setelah mereka menerima pengetahuan akan kebenaran (Ibrani 10:26).

Lebih lagi, dalam Ibrani 6:4-6 kita menemukan, *"Sebab mereka yang pernah diterangi hatinya, yang pernah mengecap karunia sorgawi, dan yang pernah mendapat bagian dalam Roh Kudus, dan yang mengecap Firman yang baik dari Allah dan karunia-karunia dunia yang akan datang, namun yang murtad lagi, tidak mungkin dibaharui sekali lagi sedemikian, hingga mereka bertobat, sebab mereka menyalibkan lagi Anak Allah bagi diri mereka dan menghina-Nya di muka umum."*

Sekarang setelah kita telah belajar mengenai hal ini, kita harus menjaga diri kita sendiri sehingga kita tidak akan pernah melakukan dosa yang kita tidak akan dapat menerima pengampunan. Kita juga harus membedakan dalam kebenaran bisa atau tidaknya seseorang yang dirasuki roh jahat dapat disembuhkan oleh doa.

2. Persenjatai diri Anda sendiri dengan kebenaran.

Sekali roh jahat dikeluarkan dari mereka, orang harus mengisi hati mereka dengan kehidupan dan kebenaran dengan rajin membaca Firman Allah, memuji, dan berdoa. Meskipun jika roh jahat diusir keluar, jika orang terus hidup dalam dosa tanpa mempersenjatai diri mereka sendiri dengan kebenaran, maka roh jahat yang telah diusir akan kembali dan kali ini, mereka akan disertai oleh roh jahat yang lebih jahat. Ingat bahwa kondisi orang akan menjadi jauh lebih parah dibandingkan dengan pertama kali roh jahat memasuki mereka.

Dalam Matius 12:43-45, Yesus memberitahu kita hal berikut ini:

Apabila roh jahat keluar dari manusia, ia pun mengmbara ke tempat-tempat yang tandus untuk mencari perhentian. Tetapi ia tidak mendapatkannya. Lalu ia berkata, 'Aku akan kembali ke rumah yang telah kutinggalkan itu'. Maka pergilah ia dan mendapati rumah itu kosong, bersih tersapu dan rapi teratur. Lalu ia keluar dan mengajak tujuh roh lain yang lebih jahat dari padanya dan mereka masuk dan berdiam di situ. Maka akhirnya keadaan orang itu akan lebih buruk dari pada keadaannya semula. Demikian juga akan berlaku atas angkatan yang jahat ini.

Roh jahat tidak untuk diusir sembarangan. Lebih lagi, setelah roh jahat diusir, teman-teman dan keluarga dari orang yang telah dirasuki oleh roh jahat harus mengerti bahwa orang tersebut sekarang membutuhkan perhatian dengan kasih yang lebih besar dari sebelumnya. Mereka harus menjaganya dalam kesungguhan dan berkorban dan mempersenjatainya dengan kebenaran sampai penyembuhan total diperoleh.

Segala Sesuatu Adalah Mungkin Bagi Orang yang Percaya

Dalam Markus 9:17-27 adalah contoh Yesus menyembuhkan seorang anak yang dirasuki oleh roh yang merampas kemampuan berbicaranya dan menderita epilepsi setelah melihat iman dari ayahnya. Mari kita mempelajari lebih jauh bagaimana anak tersebut menerima penyembuhan.

1. Keluarga harus menunjukkan iman mereka.

Seorang anak dalam Markus 9 telah menderita bisu dan tuli sejak kecil karena kerasukan roh jahat. Dia tidak dapat mengerti sebuah kata dan berkomunikasi adalah mustahil baginya. Lagipula, sangat sulit untuk menetapkan kapan dan di mana gejala epilepsi akan terjadi. Ayahnya, karena itu, selalu hidup dalam ketakutan dan penderitaan, dengan segala harapan dalam hidup telah hilang.

Kemudian sang ayah mendengar seorang laki-laki dari Galilea yang telah melakukan mukjizat membangkitkan orang mati, dan menyembuhkan berbagai jenis penyakit. Sebuah sinar harapan muncul untuk menembus keputusasaannya. Jika berita tersebut benar adanya, sang ayah percaya, laki-laki dari Galilea ini dapat menyembuhkan anaknya juga. Dalam pencarian keberuntungan, sang ayah membawa anaknya kepada Yesus dan berkata pada-Nya, *"Sebab itu jika Engkau dapat berbuat sesuatu, tolonglah kami dan kasihanilah kami!"* (Markus 9:22)

Setelah mendengar permohonan sang ayah, Yesu berkata, "'Jika Engkau dapat?' Tidak ada yang mustahil bagi orang yang percaya," dan memarahi sang ayah karena imannya yang kecil. Sang ayah telah mendengar berita tersebut tetapi tidak mempercayai itu dalam hatinya. Jika sang ayah telah sadar bahwa Yesus sebagai Anak Allah adalah Mahakuasa dan Kebenaran itu sendiri, dia tidak akan mengatakan "Jika". Dalam rangka untuk mengajar kita bahwa mustahil untuk menyenangkan Allah tanpa iman dan bahwa mustahil untuk menerima jawaban tanpa sepenuhnya beriman pada apa yang seseorang percayai, Yesus berkata "Jika Engkau dapat?" saat dia memarahi sang ayah atas "iman kecil"-nya.

Iman secara umum dapat dibagi menjadi dua jenis. Dengan "iman kedagingan" atau "iman sebagai pengetahuan", seseorang dapat percaya pada apa yang dia lihat. Jenis iman dimana seseorang dapat percaya tanpa melihat adalah "iman rohani", "iman sejati", "iman yang hidup", atau "iman yang diikuti oleh perbuatan". Iman jenis ini dapat membuat sesuatu dari sesuatu yang tidak ada. Definisi "iman" menurut Alkitab adalah *"Dasar dari segala sesuatu yang kita harapkan dan bukti dari segala sesuatu yang tidak kita lihat"* (Ibrani 11:1)

Ketika orang menderita dari penyakit yang dapat disembuhkan oleh manusia, mereka dapat disembuhkan saat penyakit mereka dibakar oleh api Roh Kudus ketika mereka menunjukkan iman mereka dan mereka dipenuhi dengan Roh Kudus. Jika pemula dalam kehidupan beriman menjadi sakit, dia dapat disembuhkan ketika dia membuka hatinya, mendengarkan Firman, dan menunjukkan imannya. Jika seorang Kristen dewasa yang beriman menjadi sakit, dia dapat disembuhkan ketika dia berbalik dari jalan-jalannya melalui pertobatan.

Ketika seseorang menderita karena penyakit yang tidak dapat disembuhkan oleh ilmu pengetahuan kedokteran, mereka harus menunjukkan iman yang lebih besar lagi. Jika seorang Kristen dewasa yang beriman menjadi sakit, dia dapat disembuhkan ketika dia membuka hatinya, bertobat dengan merendahkan hatinya, dan menaikkan doa permohonan. Jika seseorang dengan iman yang kecil atau tanpa iman menjadi sakit, dia tidak akan disembuhkan sampai dia diberikan iman dan sesuai dengan pertumbuhan imannya, karya penyembuhan akan dapat dimanifestasikan.

Mereka yang memiliki keterbatasan fisik, yang badannya tidak terbentuk sempurna, dan penyakit keturunan hanya dapat disembuhkan dengan mukjizat Allah. Namun, mereka harus menunjukkan kepada Allah dedikasi dan iman yang dengannya mereka dapat mengasihi dan menyenangkan Dia. Hanya dengan cara ini maka Allah kemudian akan mengakui iman mereka dan memanifestasikan penyembuhan. Ketika manusia menunjukkan ketekunan iman mereka kepada Allah – sebagaimana Bartimeus bersungguh-sungguh memanggil Yesus (Markus 10:46-52), sebagaimana seorang kepala prajurit menunjukkan imannya yang sangat besar kepada Yesus (Matius 8:5-13), dan sebagaimana orang yang lumpuh dan keempat orang temannya menunjukkan iman dan dedikasi (Markus 2:3-12) - Allah akan memberikan penyembuhan kepada mereka.

Demikian juga, karena orang yang dirasuki roh jahat tidak dapat disembuhkan tanpa pekerjaan Allah dan tidak dapat menunjukkan iman mereka, untuk membawa turun penyembuhan dari surga, seorang anggota keluarganya harus percaya pada Allah Yang Mahakuasa dan datang kepada-Nya.

2. Orang harus memiliki iman yang olehnya mereka dapat percaya.

Ayah dari anak laki-laki yang dirasuki roh jahat sejak lama pada awalnya dimarahi oleh Yesus atas imannya yang kecil. Ketika Yesus berkata dengan yakin, "Tidak ada yang mustahil bagi orang yang percaya" kepada laki-laki itu, bibir sang ayah memberikan sebuah pengakuan positif, "Aku percaya." Namun demikian, kepercayaannya dibatasi oleh pengetahuannya. Itulah mengapa sang ayah memohon kepada Yesus, "[Tolonglah] aku yang tidak percaya ini!" (Markus 9:24) Setelah mendengar permohonan dari sang ayah, yang memiliki hati yang tulus, doa yang bersungguh-sungguh, dan iman yang Yesus tahu, Dia memberikan sang ayah iman yang olehnya dia sekarang dapat percaya.

Pada sebuah tanda, dengan berseru kepada Allah kita dapat menerima iman yang dapat kita percaya dan dengan iman ini, kita akan menjadi siap untuk menerima jawaban atas masalah, dan "kemustahilan" "akan menjadi" "mungkin".

Ketika sang ayah telah memiliki iman yang dengannya dia dapat percaya, ketika Yesus memerintahkan "Hai kau roh yang menyebabkan bisu dan tuli, Aku memerintahkan engkau keluarlah dari pada anak ini dan jangan memasukinya lagi," roh jahat pergi meninggalkan anak itu dengan sebuah lengkingan panjang. Sebagaimana bibir sang ayah memohon untuk iman yang olehnya dia dapat percaya dan menginginkan intervensi Allah – meski setelah Yesus memarahi dia – Yesus memanifestasikan sebuah karya penyembuhan yang luar biasa.

Yesus bahkan menjawab dan memberikan kesembuhan total kepada anak laki-lakinya yang telah dirasuki roh jahat yang telah merampas kemampuan berkata-katanya, dan bahkan menderita epilepsi sehingga dia sering jatuh, mulut berbusa, mengkertakkan giginya, dan menjadi kejang. Kemudian, bagi mereka yang percaya dalam kuasa Allah yang membuat segalanya mungkin dan hidup dalam Firman-Nya, tidakkah Dia akan mengijinkan segala sesuatunya berjalan baik dan memimpin mereka untuk hidup dalam hidup yang sehat?

Segera setelah mendirikan Gereja Manmin, seorang pemuda dari Propinsi Gang-won mengunjungi gereja setelah mendengar berita tentang hal ini. Pemuda ini berpikir bahwa dia telah melayani Allah dengan setia sebagai guru Sekolah Minggu dan salah satu anggota paduan suara. Namun, karena dia sebelumnya sangat angkuh dan tidak tidak membuang kejahatan dalam hatinya namun malah mengakumulasikan dosa, pemuda tersebut menderita setelah sebuah roh jahat masuk ke dalam hatinya yang tidak bersih dan mulai tinggal di dalamnya. Karya penyembuhan dimanifestasikan atas doa yang sungguh-sungguh dan dedikasi dari ayahnya. Setelah mengetahui identitas roh jahat dan mengusirnya dengan berdoa, mulut pemuda tersebut berbusa, membalikkan punggungnya, dan mengeluarkan bau yang sangat tidak enak. Setelah kejadian ini, hidup pemuda tersebut diperbarui setelah dia mempersenjatai dirinya sendiri dengan kebenaran di Manmin. Hari ini, dia dengan setia melayani gerejanya di Gang-won dan memberikan kemuliaan kepada Allah dengan membagikan kasih karunia melalui kesaksian penyembuhannya kepada orang lain yang tidak terhitung banyaknya.

Semoga Anda dapat mengerti bahwa cakupan pekerjaan Allah tidak terbatas dan bahwa segala sesuatu adalah mungkin, sehingga ketika Anda mencari dalam doa Anda tidak hanya akan menjadi anak Allah yang diberkati tetapi juga orang kudus-Nya yang berbahagia yang segala sesuatunya berjalan baik setiap waktu, dalam nama Tuhan kita saya berdoa!

Bab 7

Iman dan Ketaatan Naaman
Si Penderita Kusta

2 Raja-raja 5:9-10:14

Kemudian datanglah Naaman dengan kudanya dan keretanya, Lalu berhenti di depan pintu rumah Elisa. Elisa menyuruh seorang suruhan kepadanya mengatakan: "Pergilah mandi tujuh kali dalam sungai Yordan, maka tubuhmu akan pulih kembali, sehingga engkau menjadi tahir." Maka turunlah ia dan membenamkan dirinya tujuh kali dalam sungai Yordan, sesuai dengan perkataan abdi Allah itu. Lalu pulihlah tubuhnya kembali seperti tubuh seorang anak lalu ia menjadi tahir.

Jenderal Naaman Penderita Kusta

Selama waktu hidup kita, kita menghadapi berbagai masalah besar dan kecil. Kadang-kadang kita menghadapi masalah yang di luar kemampuan manusia.

Dalam sebuah negara yang disebut Aram di utara Israel, ada seorang komandan pasukan yang bernama Naaman. Dia telah memimpin tentara Aram memperoleh kemenangan di berbagai negara pada waktu-waktu yang hampir kritis. Naaman mencintai negaranya dan setia melayani rajanya. Walapun raja sangat menghargai Naaman, sang jenderal sedang mengalami kesedihan yang mendalam dikarenakan sebuah rahasia yang tidak seorang pun tahu.

Apakah penyebab kesedihannya? Naaman bersedih bukan karena dia kekurangan kekayaan atau kemasyuran. Naaman merasa sedih dan tidak mendapatkan kebahagiaan dalam hidup karena dia menderita kusta, sebuah penyakit yang tidak dapat disembuhkan karena pada masanya tidak ada obat yang dapat menyembuhkan penyakit tersebut.

Pada masa Naaman, orang-orang yang menderita kusta dianggap sebagai orang yang tidak tahir. Mereka dipaksa untuk hidup dalam isolasi di luar batas kota. Penderitaan Naaman lebih tidak tertahankan karena, sebagai tambahan rasa sakit yang dideritanya, ada masalah lain yang menemani penyakit tersebut. Gejala penyakit kusta termasuk bintik-bintik pada tubuh, terutama pada wajah seseorang, bagian luar tangan dan kakinya, telapak kakinya, juga adanya penurunan daya indra. Dalam kasus yang parah, alis, kuku jari tangan, dan kuku jari kaki mengelupas dan penampilan seseorang secara keseluruhan akan berubah mengerikan.

Kemudian suatu hari, Naaman yang telah terkena penyakit yang tidak tersembuhkan dan tidak dapat bersukacita dalam hidupnya itu mendengar berita baik. Menurut seorang gadis kecil yang ditawan dari Israel yang melayani istrinya, ada seorang nabi di Samaria yang dapat menyembuhkan penyakit kusta Naaman. Karena tidak ada apapun yang tidak akan dilakukannya untuk mendapatkan kesembuhan, Naaman memberitahu rajanya tentang penyakit yang dideritanya dan apa yang telah dia dengar dari pembantunya. Setelah mendengar bahwa jenderal setianya akan disembuhkan dari penyakit kustanya jika dia pergi kepada seorang nabi di Samaria, raja sangat ingin menolong Naaman dan bahkan menulis surat kepada raja Israel untuk kepentingan Naaman.

Naaman pergi ke Israel dengan sepuluh talenta perak, enam ribu syikal emas dan sepuluh set pakaian dan surat raja, yang berkata, *"Sesampainya surat ini kepadamu, maklumlah kiranya, bahwa aku menyuruh kepadamu Naaman, pegawaiku, supaya engkau menyembuhkan dia dari penyakit kustanya"* (ayat 6). Pada saat itu, Aram adalah sebuah negara yang lebih kuat dari Israel. Setelah membaca surat dari raja Aram, raja Israel merobek jubahnya dan berkata, "Allahkah aku ini? Mengapa orang ini mengirimkan seseorang kepadaku untuk disembuhkan dari penyakit kustanya? Perhatikan dan lihatlah ia mencari gara-gara terhadap aku!"

Ketika nabi Israel Elisa mendengar kabar ini, dia datang kepada raja dan berkata, *"Mengapa engkau mengoyakkan pakaianmu? Biarlah ia datang kepadaku, supaya ia tahu bahwa ada seorang nabi di Israel"* (ayat 8). Ketika raja Israel mengirim Naaman ke rumah Elisa, nabi tersebut tidak mau bertemu dengan sang jenderal tetapi hanya berkata melalui seorang suruhan, *"Pergilah mandi tujuh kali dalam sungai Yordan, maka tubuhmu akan pulih kembali, sehingga engkau menjadi tahir"* (ayat 10).

Pastinya hal itu sangat mengganggu Naaman, yang telah pergi dengan kuda dan keretanya ke rumah Elisa, hanya untuk menemukan nabi tersebut bahkan tidak mau menyambut atau menemuinya? Sang jenderal menjadi marah. Dia telah berpikir bahwa jika seorang komandan pasukan dari sebuah negara yang lebih kuat dari Israel telah membayar harga untuk sebuah perjalanan, nabi tersebut selayaknya menyambut dan menumpangkan tangan padanya. Namun, Naaman menerima sebuah penyambutan yang dingin dari sang nabi dan disuruh untuk membasuh tubuhnya dalam sebuah sungai yang kecil dan kotor seperti Sungai Yordan.

Dalam kemarahan, Naaman berpikir untuk kembali pulang, berkata, *"Aku sangka bahwa setidak-tidaknya ia datang ke luar dan berdiri memanggil nama Tuhan, Allahnya, lalu menggerak-gerakkan tangannya di atas tempat penyakit itu*

dan dengan demikian menyembuhkan penyakit kustaku."
Bukankah Abana dan parpar, sungai-sungai Damsyik, lebih
baik dari segala sungai di Israel? Bukankah aku dapat
mandi di sana dan menjadi tahir?" (ayat 11-12) Kemudian
berpalinglah ia dan pergi dengan panas hati. *"Bapak,*
seandainya nabi itu menyuruh perkara yang sukar kepadamu,
bukankah Bapak akan melakukannya? Apalgi sekarang, ia
hanya berkata kepadamu: Mandilah dan engkau akan menjadi
tahir." Mereka membujuk tuan mereka untuk mematuhi
perintah Elisa.

Apa yang terjadi ketika Naaman membenamkan dirinya
dalam sungai Yordan tujuh kali, seperti yang diperintahkan Elisa
padanya? Kulitnya menjadi bersih seperti kulit seorang anak.
Penyakit kusta yang telah memberikan beban yang berat pada
Naaman disembuhkan total. Ketika sebuah penyakit yang tidak
dapat disembuhkan oleh manusia telah disembuhkan total oleh
kepatuhan Naaman kepada seorang abdi Allah, sang jenderal
kemudian mengakui Allah yang hidup dan Elisa, seorang abdi
Allah.

Setelah mengalami kuasa Allah yang hidup – Allah
Penyembuh penyakit kusta – Naaman pergi kembali kepada
Elisa, mengakui, *"Kemudian kembalilah ia dengan seluruh*
pasukannya kepada abdi Allah itu. Setelah sampai, tampillah
ia ke depan Elisa dan berkata:"Sekarang aku tahu, bahwa
di seluruh bumi tidak ada Allah kecuali di Israel. Karena
itu terimalah kiranya suatu pemberian dari hambamu ini!".

Tetapi Elisa menjawab, "Demi TUHAN yang hidup, yang di hadapan-Nya aku menjadi pelayan, sesungguhnya aku tidak akan menerima apa-apa." Dan walaupun Naaman mendesaknya supaya menerima sesuatu, ia tetap menolak. Akhirnya berkatalah Naaman, "Jikalau demikian, biarlah diberikan kepada hambamu ini tanah sebanyak muatan sepasang bagal, sebab hambamu ini tidak lagi akan mempersembahkan korban bakaran atau korban sembelihan kepada allah lain kecuali kepada TUHAN," dan memberikan kemuliaan kepada Allah (2 Raja-raja 5:15-17).

Iman dan Perbuatan Naaman

Marilah kita mempelajari iman dan perbuatan Naaman, yang menemukan Allah yang Menyembuhkan dan telah disembuhkan dari penyakit yang tidak dapat disembuhkan.

1. Niat Baik Naaman

Beberapa orang sangat mudah menerima dan percaya pada perkataan orang lain sementara beberapa orang lain cenderung untuk meragukan dan tidak mempercayai orang lain. Bagi Naaman yang memiliki sebuah hati nurani yang baik, dia tidak menolak perkataan orang lain tetapi menerimanya dengan baik. Dia dapat pergi ke Israel, mematuhi perintah Elisa, dan menerima penyembuhan karena dia tidak mengabaikan namun memperhatikan dan percaya pada perkataan seorang gadis muda yang melayani istrinya. Ketika gadis muda yang telah ditawan dari Israel berkata kepada istrinya, *"Sekiranya tuanku menghadap nabi yang di Samaria itu! Maka tentulah ia akan menyembuhkan dia dari penyakit kustanya,"* Naaman mempercayainya. Andaikan saudara berada pada posisi Naaman. Apa yang akan Anda lakukan? Apakah Anda akan menerima perkataan gadis itu seluruhnya?

Disamping perkembangan pengobatan modern saat ini, terdapat beberapa penyakit di mana obat-obat tidak berfungsi. Jika Anda berkata pada yang lain bahwa Anda telah disembuhkan dari penyakit yang tidak dapat disembuhkan oleh Allah atau bahwa Anda telah disembuhkan setelah didoakan, menurut Anda berapa orang yang akan percaya pada Anda? Naaman yang percaya pada perkataan gadis muda tersebut, pergi menghadap rajanya untuk mendapatkan ijin, pergi ke Israel, dan menerima penyembuhan atas penyakit kustanya. Dengan kata lain, karena Naaman memiliki hati nurani yang baik, dia dapat menerima perkataan dari gadis muda ketika gadis muda itu menginjilinya dan kemudian berlaku sesuai apa yang diceritakan gadis itu. Kita juga harus menyadari bahwa ketika kita sedang diberitakan injil, kita bisa mendapatkan jawaban atas semua masalah kita hanya ketika kita percaya pada pemberitaan tersebut dan datang ke hadapan Allah seperti yang dilakukan Naaman.

2. Naaman Menghancurkan Pikirannya Sendiri

Ketika Naaman pergi ke Israel dengan izin rajanya dan tiba di rumah Elisa, sang nabi yang dapat menyembuhkan penyakit kusta, dia menerima penyambutan yang dingin. Dia kemudian menjadi sangat marah kepada Elisa, yang menurut pandangan Naaman tidak mempunyai ketenaran atau status sosial, tidak menyambut seorang pelayan setia raja Aram, dan memberitahu Naaman – melalui seorang suruhan – untuk membasuh dirinya dalam Sungai Yordan sebanyak tujuh kali. Naaman sangat marah karena dia telah dikirim langsung oleh raja Aram. Lebih jauh, Elisa tidak meletakkan tangannya pada bintik-bintiknya tetapi malah berkata bahwa Naaman dapat ditahirkan ketika dia membasuh dirinya dalam sebuah sungai yang kecil dan kotor seperti Sungai Yordan.

Naaman menjadi marah pada Elisa dan tindakannya, yang tidak dapat dimengerti oleh pemikirannya sendiri. Dia bersiap-siap untuk berjalan pulang, berpikir bahwa ada banyak sungai lain yang besar dan bersih di negaranya dan bahwa ia dapat ditahirkan jika di membasuh dirinya dalam salah satu sungai tersebut. Pada saat itu, pelayan Naaman menganjurkan pemimpin mereka untuk mematuhi perintah Elisa dan memasukkan badannya ke dalam Sungai Yordan.

Karena Naaman memiliki hati nurani yang baik, sang jenderal tidak bertindak menurut pikirannya sendiri tetapi malah mematuhi perintah Elisa, dan mengarah ke sungai

Yordan. Di antara orang-orang dengan status sosial yang sama seperti Naaman, bagaimana mereka dapat bertobat dan mematuhi saran dari pelayan mereka atau dari orang lain yang berada pada posisi atau jabatan yang lebih rendah dari mereka.

Sebagaimana yang kita temukan di dalam Yesaya 55:8-9, "'Sebab rancangan-Ku bukanlah rancanganmu, dan jalanmu bukanlah jalan-Ku' demikianlah firman Tuhan. 'Seperti tingginya langit dari bumi, demikianlah tingginya jalan-Ku dari jalanmu dan rancangan-Ku dengan rancanganmu,'" ketika berpegang teguh pada pikiran dan teori manusia, kita tidak dapat mematuhi Firman Tuhan. Mari kita mengingat akhir hidup raja Saul yang tidak mematuhi Allah. Ketika kita menggunakan rancangan manusia dan tidak mematuhi kehendak Allah, hal ini merupakan tindakan ketidaktaatan, dan jika kita gagal untuk mengakui ketidaktaatan kita itu, kita harus ingat bahwa Allah akan mengabaikan dan menolak kita sebagaimana Raja Saul telah diabaikan oleh-Nya.

Kita baca dari 1 Samuel 15:22-23, *"Samuel berkata, 'apakah TUHAN berkenan kepada korban bakaran atau korban sembelihan sama seperti kepada mendengarkan firman Tuhan? Sesungguhnya, mendengarkan lebih baik dari pada korban sembelihan, memperhatikan lebih baik dari pada lemak-lemak domba jantan. Sebab pendurhakaan adalah sama seperti dosa bertenung dan kedegilan adalah sama seperti menyembah berhala dan terafim. Karena engkau telah emnolak firman TUHAN, maka Ia telah menolak engkau sebagai raja."*

Naaman berpikir dua kali dan memutuskan untuk mendiamkan pemikirannya sendiri dan mengikuti perintah yang diberikan Elisa, abdi Allah.

Pada bagian yang sama, kita harus mengingat bahwa ketika kita membuang hati yang tidak taat dan mengubahnya menjadi hati yang patuh menurut kehendak Tuhan, kita akan dapat mencapai apa saja yang diinginkan oleh hasrat hati kita.

3. Naaman Mematuhi Perkataan Nabi

Mengikuti perintah Elisa, Naaman turun ke Sungai Yordan dan membasuh dirinya. Terdapat banyak sungai yang lain yang lebih lebar dan lebih bersih dari pada Sungai Yordan, tetapi Elisa memerintahkan untuk pergi ke Sungai Yordan mengandung hal rohani. Sungai Yordan melambangkan keselamatan, sementara air melambangkan Firman Allah yang mentahirkan dosa-dosa manusia dan memampukan mereka untuk menerima keselamatan (Yohanes 4:14). Itulah mengapa Elisa ingin Naaman membasuh dirinya sendiri di Sungai Yordan yang membawanya kepada keselamatan. Tidak perduli betapa lebih besar dan lebih bersihnya sungai yang lain, mereka tidak memimpin manusia kepada keselamatan, dan tidak ada hubungannnya dengan Allah, dan karena dalam air tersebut karya Allah tidak dapat diungkapkan.

Sebagaimana yang disampaikan Yesus dalam Yohanes 3:5, *"Aku berkata kepadamu, sesungguhnya jika seorang tidak dilahirkan dari air dan Roh, ia tidak akan dapat masuk ke dalam kerajaan Allah,"* dengan membasuh dirinya dalam Sungai Yordan sebuah jalan telah dibuka bagi Naaman untuk menerima pengampunan atas dosa-dosanya dan menerima keselamatan, dan bertemu dengan Allah yang hidup.

Kemudian, mengapa, Naaman disuruh untuk membasuh dirinya sebanyak tujuh kali? Nomor "7" adalah sebuah angka yang sempurna yang melambangkan kesempurnaan. Dengan memerintahkan Naaman untuk membasuh dirinya sebanyak tujuh kali, Elis berusaha memberitahu sang jenderal untuk menerima pengampunan atas dosa-dosanya dan tinggal diam dalam Firman Allah. Hanya dengan itu kehendak Allah bagi semua orang dapat memanifestasikan karya penyembuhan dan berbagai penyakit ang tidak dapat disembuhkan.

Oleh karena itu, kita belajar bahwa Naaman menerima kesembuhan untuk penyakit kustanya, melawan setiap obat yang mungkin dapat dikembangkan manusia, karena dia mematuhi perkataan nabi. Ayat ini memberitahu kita, *"Sebab firman Allah hidup dan kuat dan lebih tajam dari pada pedang bermata dua mana pun; ia menusuk amat dalam sampai memisahkan jiwa dan roh, sendi-sendi dan sumsum; ia sanggup membedakan pertimbangan dan pikiran hati kita. Dan tidak ada suatu makhluk pun yang tersembunyi di hadapan-Nya, sebab segala sesuatu telanjang dan terbuka di depan mata Dia, yang kepadanya kita harus memberikan pertanggunganjawab."* (Ibrani 4:12-13)

Naaman pergi ke hadapan Allah yang bagi Dia tiada yang mustahil, menghancurkan pemikirannya sendiri, bertobat, dan mematuhi kehendak-Nya. Ketika Naaman menenggelamkan dirinya sebayak tujuh kali dalam Sungai Yordan, Allah melihat imannya, menyembuhkannya dari penyakit kustanya, dan kulit Naaman kembali pulih dan menjadi lebih bersih seperti halnya kulit seorang anak.

Dengan menunjukkan pada kita sebuah potongan sederhana dari bukti yang menyatakan bahwa penyembuhan penyakit kusta adalah mungkin hanya oleh karena kuasa-Nya, Allah memberitahu kita bahwa setiap penyakit yang tidak dapat disembuhkan dapat disembuhkan ketika kita menyenangkan hati-Nya dengan iman kita yang disertai dengan perbuatan.

Naaman Memberikan Kemulian Bagi Allah

Setelah Naaman disembuhkan dari penyakit kustanya, dia kembali kepada Elisa, mengakui, "Sekarang aku tahu bahwa tidak ada Allah di seluruh dunia kecuali di Israel...pelayanmu tidak lagi akan membuat korban bakaran dan korban sembelihan kepada allah lain kecuali TUHAN," dan memberikan kemuliaan kepada Allah.

Dalam Lukas 17:11-19 adalah sebuah skema di mana sepuluh orang bertemu Yesus dan disembuhkan dari penyakit kusta. Namun, hanya satu orang dari mereka yang kembali kepada Yesus, memuji Allah dengan suara yang nyaring, dan tersungkur di depan kaki Yesus dan mengucap syukur kepada-Nya. Dalam ayat 17-18, Yesus bertanya kepada orang tersebut, *"Bukankah kesepuluh orang tadi semuanya telah menjadi tahir? Dimanakah yang sembilan orang itu? Tidak adakah diantara mereka yang kembali untuk memuliakan Allah selain dari pada orang asing ini?"* Dalam lanjutan ayat 19, Dia kemudian berkata kepada orang tersebut, *"Berdirilah dan pergilah, imanmu telah menyelamatkan engkau."* Jika kita menerima penyembuhan oleh kuasa Allah, kita tidak hanya harus memberikan kemuliaan kepada Allah, menerima Yesus Kristus, dan mendapatkan keselamatan, tetapi juga hidup oleh Firman Allah.

Naaman memiliki jenis iman dan perbuatan yang membuatnya dapat disembuhkan dari penyakit kusta, sebuah penyakit yang tidak dapat disembuhkan pada zamannya. Dia memiliki sebuah hati nurani yang baik untuk mempercayai perkataan seorang pelayan perempuan muda yang sedang ditawan. Dia memiliki jenis iman yang mana dia mempersiapkan sebuah hadiah yang berharga untuk mengunjungi seorang nabi. Ia menunjukkan perbuatan dari ketaatan meskipun perintah nabi Elisa tidak sejalan dengan pemikirannya.

Naaman, seorang asing, yang sebelumnya menderita sebuah penyakit yang tidak dapat disembuhkan tetapi melalui penyakitnya dia bertemu dengan Allah yang hidup dan mengalami karya penyembuhan. Setiap orang yang datang ke hadapan Allah Yang Mahakuasa dan menunjukkan iman dan perbuatannya akan menerima jawaban atas semua masalahnya tidak perduli betapa pun sulitnya masalah tersebut.

Semoga Anda memiliki iman yang berharga, menunjukkan iman dengan perbuatan, menerima jawaban atas semua permasalahan hidup Anda, dan menjadi orang percaya yang diberkati yang memberi kemuliaan kepada Allah, dalam nama Tuhan kita saya berdoa.

Penulis:
Dr. Jaerock Lee

Dr. Jaerock Lee dilahirkan di Muan, Propinsi Jeonnam, Republik Korea, pada tahun 1943. Pada umur dua puluhan, Dr. Lee menderita berbagai penyakit yang tidak tersembuhkan selama tujuh tahun dan menunggu kematian tanpa ada harapan untuk pulih. Pada suatu hari di musim semi tahun 1974, ia dibawa ke gereja oleh saudara perempuannya dan saat ia berlutut untuk berdoa, Allah yang Hidup menyembuhkannya dari semua penyakit.

Mulai saat itu Dr. Lee bertemu dengan Allah yang Hidup melalui pengalaman yang menakjubkan itu, ia telah mengasihi Allah dengan segenap hati dan keikhlasan, dan pada tahun 1978 ia dipanggil untuk menjadi pelayan Allah. Ia berdoa dengan sangat tekun sehingga ia dapat memahami kehendak Allah dan melakukan sepenuhnya, dan menaati semua firman Allah. Pada tahun 1982, ia mendirikan Gereja Pusat Manmin di Seoul, Korea, dan tidak terhitung banyaknya pekerjaan Allah, termasuk penyembuhan mukjizat dan keajaiban, telah terjadi di gerejanya.

Pada tahun 1986, Dr. Lee ditahbiskan sebagai pendeta pada Pertemuan Tahunan dari Gereja Sungkyul Yesus di Korea, dan empat tahun kemudian yaitu pada tahun 1990, khotbahnya mulai disiarkan ke Australia, Rusia, Filipina, dan banyak negara lain melalui Far East Broadcasting Company, Asia Broadcast Station, dan Washington Christian Radio System.

Tiga tahun kemudian yaitu pada tahun 1993, Gereja Pusat Manmin dipilih sebagai satu dari "50 Gereja Terkemuka Dunia" oleh majalah Christian World (AS) dan ia menerima Doktor Kehormatan Teologia dari Christian Faith College, Florida, AS, dan pada tahun 1996 sebuah gelar Ph.D dalam Pelayanan dari Kingsway Theological Seminary, Iowa, AS.

Sejak tahun 1993, Dr. Lee telah memimpin misi dunia melalui banyak

Kebaktian Kebangunan Rohani (KKR) luar negeri di AS, Tanzania, Uganda, Jepang, Pakistan, Kenya, Filipina, Honduras, India, Rusia, Jerman, Peru, Republik Demokrasi Kongo, dan Israel. Pada tahun 2002, ia disebut "pendeta seluruh dunia" oleh koran-koran Kristen utama di Korea untuk pekerjaannya dalam berbagai KKR Gabungan Akbar di luar negeri

Pada bulan Mei 2011, Gereja Manmin Pusat memiliki kongregasi dengan jumlah jemaat lebih dari seratus ribu orang. Ada sembilan ribu gereja cabang domestik dan luar negeri di seluruh dunia, dan sejauh ini telah mengirimkan 137 misionaris ke 23 negara, termasuk Amerika Serikat, Rusia, Jerman, Kanada, Jepang, Cina, Prancis, India, Kenya, dan banyak lagi.

Pada saat penerbitan buku nini, Dr. Lee telah menulis 62 buku, termasuk buku laris Merasakan Kehidupan Kekal Sebelum Kematian, Hidupku Imanku I & II, Pesan Salib, Ukuran Iman, Surga I & II, Neraka, dan Kuasa Allah. Tulisan-tulisannya telah diterjemahkan ke dalam lebih dari 62 bahasa.

Kolom-kolom Kristennya diterbitkan di Hankook Ilbo, JoongAng Daily, Dong-A Ilbo, The Munhwa Ilbo, The Seoul Shinmun, The Kyunghyang Shinmun, The Hankyoreh Shinmun, The Korea Economic Daily, The Korea Herald, The Shisa News, dan The Christian Press.

Saat ini Dr. Lee adalah pemimpin dari banyak organisasi dan asosiasi misi: Termasuk Komisaris dari The United Holiness Church Jesus Christ, Presiden dari Manmin World Mission; Pendiri dari TV Manmin, Pendiri dan Ketua Dewan Komisaris dari Global Christian Network (GCN), Pendiri dan Ketua Dewan Komisaris dari The World Christian Doctors Network (WCDN), serta Pendiri dan Ketua Dewan Komisaris dari Manmin International Seminary (MIS).

Surga I & Surga II

Dr. Jaerock Leen omaelämäkerta, joka välittää lukijoilleen kauniin hengellisen aromin. Leen elämän on perustunut Jumalan rakkauteen hänen kerran koettua pimeyden tummat aaallot, sen kylmän ikeen ja syvimmän epätoivon.

Hidupku Imanku I & II

Autobiografi Dr. Jaerock Lee yang memberikan aroma rohani yang paling wangi kepada para pembacanya, karena kehidupannya disarikan dari kasih Allah yang mekar dalam gelombang gelap, kuk yang dingin, dan keputusasaan paling mendalam.

Pesan Salib

Pesan kebangunan penuh kuasa bagi semua orang yang tertidur secara rohani! Di dalam buku ini Anda akan menemukan alasan mengapa Yesus menjadi satu-satunya Juru Selamat dan kasih sejati Allah.

Ukuran Iman

Tempat tinggal seperti apakah, serta mahkota dan upah yang bagaimana yang disediakan bagi Anda di surga? Buku ini memberikan dengan hikmat dan bimbingan bagi Anda untuk mengukur iman Anda dan menanam iman yang terbaik dan paling dewasa.

Neraka

Sebuah pesan yang sungguh-sungguh kepada seluruh umat manusia dari Allah yang tidak ingin satu jiwa pun jatuh ke kedalaman neraka! Anda akan menemukan kenyataan yang-belum-pernah-terungkap-sebelumnya mengenai Hades (dunia orang mati bagian bawah) dan neraka.